序章　素朴な疑問。

私の素朴な疑問。
なぜ一生懸命働いている若い人たちの給料が、年老いて労働効率も落ちていて感覚も古くなっている人たちの数分の一であることが当たり前の世の中なのか。

この疑問は、会社づくりへの挑戦を始める何年も前から抱いていたものである。大学生になったばかりのころは、そういう疑問を漠然と持ち、就職活動なるものの意義が見いだせないだけの、ただモラトリアムな一青年であった。疑問を持ちながら、ただ無為に学生生活を送り、堕落の一途をたどるだけだった。インターネットという、世の中を大きく変えるであろう情報技術に出合うまでは。

会社をつくるという具体的な目標に向かって走る過程で、私は日本の大企業が抱える矛盾を理路整然と説明できるようになっていった。実は、右肩上がりの経済成長とピラミッド型の人口構成を前提にしただけの非常にもろい仕組みを、日本人のほとんどが信じていることで、大企業のモデルは成立しているのだ。

バブル以前……恐らく2度のオイルショック以降から、この問題は表面化しつつあったのだが、いわゆる土地バブルのおかげで、90年代になるまでこの問題は大きく世の中を揺るがすことにはならなかった。しかし、対応が遅れたことで、問題を解決するまでには時間がかかりそうな具合である。いまだにこの構造的な問題を理解している人は少数派であるか、あるいはなんとなく認識しつつも、現実から逃げている。

はっきり言おう。

年功序列も大企業信奉も間違っている。

現在の年金制度は明らかにねずみ講であり、既得権益を握る者たちが必死に詭弁を弄して、情報操作を行っているだけである。明らかに若い世代は搾取されているのである。

今私が注目されている原因でもある、日本のプロ野球界の構造問題がその象徴である。多くのサラリーマン社長の保身や彼を頂点とする会社内の年功序列、あるいは派閥。こういったものが日本経済を歪めている。若者は今すぐこの既得権益構造から抜け出し、起業するか、あるいは起業する者についていくべきなのだ。

私の経営している株式会社ライブドアはその先兵である。われわれはインターネットという、先行者がほとんどいない荒野のマーケットに乗り込んでいって橋頭堡を築いた。

やる気のある者、能力の高い者がリーダーシップを取り、十分な報酬を得ることができる完全実力主義の会社である。これまでのわれわれ以外の会社がやってきた間違ったやり方は絶対に導入しないように心がけたつもりだ。また、世界最先端の金融テクノロジーを導入して、最高の経営ができる環境作りに努めている。

周りが同じことをあまりやらないものだから、目立って業績も右肩上がりである。でも、それは当たり前なのだ。ほかの会社はその当たり前のことすらできていない情けない状態にある。最高益を更新中の世界的企業だって、もっともっと稼ぐことができるし、大きな会社になれる可能性があるのに、そのチャンスを逃しているケースも多い。表面化してくるのは経営破たんした会社ばかりである。

まだまだチャンスはごろごろ転がっている。どんな会社でも、働き盛りの若者に任せてくれるだけで、今の何倍も業績を良くすることができるだろう。それなのにチャンスを与えようとしない。もったいない話である。仕方がないので、若者は会社を作るしかない。

私は8年間ちょっと会社を経営してきて、いろいろな人に出会い、たくさんの感動と経験を得ることができた。年を取れば取るほど時間の進み方が速くなると言われたが、子供のときの8年の数倍の時間を経過したような気分である。それほど、充実していたということなのだ。

初めて受注した仕事を納品したとき、そのお金が入金されたとき、初めて新しい社員を受け入れたとき、初めてフロアを増床したとき、初めて売り上げが1億円を超えたとき、株式会社にな

第1章　会社をつくる

□売上計画（収入が確定している分。単位：万円）

	C美術館	A博物館	D社	F社	I社	月間トータル
4月	150	150				300
5月	100					100
6月	100					100
7月	100		200		180	480
8月	100				60	160
9月	100			200	60	360
10月	100				60	160
11月	100	800			60	960
12月	100				60	160
1月	100				60	160
2月	100				60	160
3月	100				60	160
年間計						3260

□人員配置計画

社員：
堀江……営業・制作ディレクション・実制作
A……営業・デザインディレクション・実制作
B……営業・編集・実制作

従業員：
C……制作チーム（プログラム・オーサリング）
5日／週（フルタイム）
主にI社（金・日3時間）、A博物館等の制作

バイト：
D……デザインチーム（デザイン・オーサリング）
2～3日／週、場合によっては在宅勤務
主に、C美術館デザイン
E……制作チーム（オーサリング）
随時

□留意点

(1) 以上の主要な仕事のほかに、短期の制作案件を受注する計画。その売上目標を月間100万円程度とする。

(2) 支払い形態については詳細は未定。基本的に、毎月定額の支払いを受ける計画。

(3) 上記の案件は、受注がほぼ確定しているもののみ。そのほか現在営業中もしくは提案中の案件もある。

(注)【有限会社の社員】有限会社オン・ザ・エッヂ事業計画案では社員と従業員が分けられているが、有限会社では出資者のことを社員と呼ぶことになっている。株式会社の「株主」にあたる存在。一方、有限会社の従業員というのは、通常の社員やスタッフと同義語。

(有)オン・ザ・エッヂ(Livin' on the EDGE)事業計画案

□すでに収入が確定しているもの。

(1)　A博物館WWW制作
予算1000万円（予定）
4月～8月初頭
B株式会社から受注

(2)　C美術館WWW制作
予算1200万円（年間／予定）
4年計画の初年度をとりあえず担当
（2年目以降も受注の予定）
4月～97年3月
B株式会社から受注

(3)　株式会社D社WWW制作
予算200万円（予定）
4月～5月
同社マーケット開発本部マルチメディア局から受注
ただし有限会社E社経由の支払い

(4)　外資系F社WWW制作
予算200万円（予定）
4月～5月（予定）
広告代理店G社から受注
ただし有限会社H社経由の支払い

(5)　I社WWW制作
予算：初期180万、月額60万
初期の制作ならびに、週間メンテナンス
I社より、直接支払い

□まだ、収入・時期が未定なもの。

(6)　前項（1）にからんだ新聞社サーバ管理
予算未定
5月～
B株式会社から受注

(7)　前項（1）にからんだB社のサーバ管理
予算未定
5月～
B株式会社から受注

(8)　J社WWW制作（未定）
予算未定
4月～
J社（6月設立予定）からの受注

(9)　オンライン旅行マガジンWWW制作（未定）
予算未定
5月～
旅行代理店K社から受注（スケジュール等含めて未定）

(10)　株式会社L社WWW制作
予算未定
4月～
有限会社E社から受注

(11)　株式会社M社より引き継ぎの案件
随時。ただし月間メンテナンスの必要な案件もあり

ビジネスプランを練る

「1996年3月30日午前4時43分」

思い起こせば、この事業計画書がそもそものスタートだった。

私は1996年4月、六本木のたった7畳しかない雑居ビルの小部屋に有限会社オン・ザ・エッヂを立ち上げた。事業計画書がなければ、会社を興すための資金を集めることはできない。起業の直前、忙しいアルバイトの合間を縫って、一気に書き上げたものだ。最初の下書きは、なぐり書きのようにして市販のノートにボールペンで書いたものだった。それをパソコンで打ち直し、プリントアウトして完成させた。

事業計画書などというものを書いた経験はそれまでの人生で一度もなかったから、どう書き出せばいいのかも分からなかった。書店で『事業計画書の書き方』『会社の作り方』なんていう本を何冊か買ってきて、体裁をそっくり真似て作ってみた。「空いている部分を埋めれば、すぐに事業計画書ができ上がる」という一章があって、そのフォーマットを利用させてもらったのだ。

今読み返してみると、何とも幼稚で適当で、こうやって読者の方にお見せするのが恥ずかしいほどだ。でもこんな適当な内容でも、会社は興せる――そのことを知ってもらいたくて、恥ずかしながらここに公表することにした。

プリントアウトには作成日時もそのまま出力されていて、ほとんど体裁を気にしないで急いで作った様子が見て取れる。作成日時は「１９９6年3月30日午前4時43分」。深夜遅くにアルバイトから帰宅し、そのまま徹夜で書き上げたのだろう。

この事業計画書を書いた96年春、私は23歳だった。

とてもシンプルで、簡単なものであることが分かっていただけるだろう。最初に作る事業計画書なんてこの程度でも十分だ。きちんと売り上げのめどが立っていれば、何の問題もない。

会社を作る際に、一番最初に必要となるのがこの事業計画書である。まずは事業計画書を作って会社のアウトラインを定める。場合によっては、資金を出してもらえそうな人にこの計画書を見せて、資本金を借りなければならない。そうして計画が立って資金が集まって、ようやく会社の登記という実際の手続きへと移れるわけだ。

事業計画書通りには進まなかった

とはいえ、こうやって作成した事業計画書も、ねらい通りにはいかなかった。結局計画通りに仕事が入ってきたのは、C美術館と広告代理店のD社だけで、A博物館は予定よりも計画が1年ずれて翌年からになり、おまけに金額も毎月100万円どころか、月額数十万円程度だった。

だからといって、事業計画が大失敗だったかというと、決してそうではない。計画書の中に入っていなかった仕事が、山のように転がり込んできたからだ。初年度だけで1500万円から2000万円ほどのキャッシュフローが生まれ、売上高は約3600万円に達した。当初オン・ザ・エッヂは2月決算だったから、この数字は実際には1996年4月から翌97年2月までの10カ月間の売上高で、1年間に換算すればさらに数字は増えることになる。つまり初年度の売り上げは、事業計画書の中で予想していた「3260万円」をはるかに超えてしまったのである。

どうしてこれほどうまくいったのだろうか。

実は秘密なんてものは、何もない。とにかく熱心に、きちんと営業を続けただけの結果だ。当時わが社はウェブ制作を主なビジネスにしていたが、「テクノロジー・アンド・デザイン」を標榜していて、他社にはない技術力を売り物にしていた。そこを見込んで、システムがらみで発注してくれる企業も多く、売る側もそれに必死で応えた。そうした努力が実を結んだのかもしれない。

業種を選ぶ

「起業」への強い気持ちがインターネットと結びつく

起業当時の話に戻ろう。

そのころ私は東大に在籍するかたわら、札幌に本社のあるコンピュータ系のベンチャー企業でアルバイトとして働いていた。事業内容はデジタル印刷やパソコンでの画像処理、通信機器開発などが主力だった。私がこの会社で働き始めた１９９５年は、後に日本のインターネット元年として記憶されるようになる。ウインドウズ95が発売され、インターネット接続機能が初めて標準で搭載され、パソコンを買えば誰でもインターネットにつないでウェブや電子メールが使えるようになったからだ。

だがそのころはまだ一般社会のインターネットに関する知識は乏しく、大手企業などでもネットワーク環境は整っていないところが多かった。そんな中で、アルバイト先のその会社は社内にＬＡＮが張り巡らされ、全員に１台ずつ与えられたアップルコンピュータ社のマッキントッシュパソコンが、ネットワークにつながっていた。かなり先進的な環境だったといえるだろう。

私は最初、マッキントッシュ用のデータベースソフト「ファイルメーカー」を使ってサポートはがきの内容を入力するという単純作業を任されたが、とっとと作業を終わらせて暇を持て余していたため、徐々に複雑な仕事に回されるようになった。

そのころ、勤務先はアップルリンクというパソコン通信を運営していた。これはアップルコンピュータがソフト開発者向けに開設していたパソコン通信ホストで、CUI（キャラクターユーザーインターフェイス）ベースで文字ばかりのパソコン通信がほとんどだった時代に、ビジュアルが豊富なGUI（グラフィカルユーザーインターフェイス）で作られた画面が先進的だった。アップルリンクの運営を手伝うようになり、仕事が急に面白くなってきた。大学にはほとんど行かなくなり、夜遅くまでバイト先でパソコンに向かう日が続いた。

そしてインターネットブームが到来する。勤務先でもインターネットビジネスに対する機運が高まり、私を含む3人のスタッフで、プロジェクトチームを編成することになった。手がけたビジネスは、ウェブ制作だった。

「ホームページを作って会社案内の代わりにしませんか？」

そんな営業トークであちこちの会社を回ってみると、反応は悪くなかった。仕事はどんどん増え、ウェブデザインからウェブサーバの管理、営業、企画までをすべて担当していた私は猛烈に忙しくなっていった。

今思えば、このころから起業に対する思いは、私の中で大きく膨れ上がっていたのだろう。インターネットの事業に、自分の将来を賭けてみたい。そう思うようになったのである。

起業してみたいという気持ちは、ずっと以前からあった。インターネットが好きで、気がついたら起業していた……というのではない。起業へのあこがれがあって、その気持ちとインターネットとの出会いが結びついたのだ。

コストがかからず、元手の少ないビジネスを探せ

世の中にはいろんな商売が山ほどある。私は自分が、どんな商売を選んだら成功するのかをずっと考えていた。

例えば、飲食店はどうだろう？　いや、この商売は難しい。なぜなら店舗や内装、什器などかなりの初期コストが必要だからだ。元手がかかるビジネスは、損益分岐点が高くなってしまってリスクが大きいし、うまくいったときも実入りは少ない。ラーメン屋やコンビニエンスストアなど、初期投資が大きくリスクも大きいビジネスは、手を出してはいけない業種の典型である。

もし始めるのならコストのあまりかからない、元手の少ないビジネスに限る。例えば昔の例で言えば、出版社がそうだ。今でこそデジタル化や多角化、出版不況で大変な業種だが、かつては

「編集者1人いれば出版社は作れる」と言われたほどだった。本作りにはライター（作家）やデザイナー、イラストレーター、印刷所などが必要だが、どれもアウトソースできてしまう。設備をまったく持つ必要がなく、初期コストもほとんど必要としないのである。

学生アルバイトの人材あっせん業にも、可能性があると私は考えていた。学生時代、私の周囲にはアルバイトを束ねる「プロ学生」のような者がいて、企業を回って仕事を集め、その一方で大学ネットワークを使って学生たちを集め、仕事をあっせんしていた。例えば3万円で取ってきた仕事を1万円で学生に回すなど、粗利率は相当に高かったようだ。このビジネスも元手はほとんどいらない。設備投資も不要だ。

ほかにも、元手のかからないビジネスはたくさんある。マッサージ業だってそうだ。出張マッサージなら、治療を施す場所さえいらない。資格と電話と体1つさえあれば、どこでも始められる。あるいはコンサルタント業、英会話教室などもそうだろう。英会話教室は場所が必要なように見えるかもしれないが、出張して生徒の家で教室を開いたり、中には駅前の喫茶店でレッスンを行っている英語講師もたくさんいる。最近で言えば、インターネットオークションもうまい商売だ。元手を使わずにネットオークションでビジネスを展開し、大金を稼いでいる人が急増している。健康食品もそうだ。メーカーが作った製品を、素晴らしいネーミングで販売すればいい。いずれにせよ、元手がいらないビジネスであれば、仮に失敗したときでも痛手は小さい。貯金を取り崩したり、親や親戚から借りた数百万円で始めたビジネスが失敗したときのリスクと、先祖代々の家屋敷と土地を担保に入れて銀行から数千万円の融資を受けて会社を興し、それが惨敗してしまったときのリスクを比較すれば、どちらが大変かは言うまでもない。

オン・ザ・エッヂはインターネットビジネスの先駆者だった

オン・ザ・エッヂを興す前、私は自分が始めるべきビジネスについて、そんなふうにさまざまに考えをめぐらせていた。

でも私は、インターネットを選んだ。それは何よりも1996年当時、目の前にインターネットビジネスがどーんと存在していたからだ。ネットの魅力にどっぷりと浸り、もう「これしかない」と信じていた。起業のときは、そんな気持ちの勢いが非常に大事だと思う。

そしてインターネットビジネスには、もう1つの重要な特徴があった。それはこのビジネスには当時、日本国内に先駆者がほとんどいなかったのである。

これは起業するビジネスを選ぶにあたっては、とても重要なファクターだ。

すでに先駆者が数多く存在し、市場もできあがっていて、そうした先駆者が市場をある程度は押さえてしまっているようでは、新規参入は非常に難しくなる。

しかし私がオン・ザ・エッヂを設立した1996年4月当時、インターネットビジネスはまだ黎明期だった。ベンチャー企業は次々と設立されつつあったが、支配力の強い会社は存在していなかった。例えば米ヤフーとソフトバンクの合弁でヤフー株式会社が設立されたのは、1996年1月。日本興業銀行（現みずほフィナンシャルグループ）を退社した三木谷浩氏が楽天の前身、株式会社エム・ディー・エム（MDM）を設立したのは1997年2月。インターネット広告大手のサイバーエージェントの設立は1998年3月。つまりオン・ザ・エッヂが創業した1996年4月当時、現在「勝ち組」と呼ばれているこれらのベンチャー企業のほとんどは、まだ影も形もなかったような状況だったのである。

インターネットの市場もまだ熟成というのにはほど遠い状態だった。インターネットという言葉は少しずつ知られるようになってはいたが、本当にそんなものがビジネスになるのかどうか、懐疑的な専門家も少なくなかった。

「インターネット、インターネットと若者は大騒ぎしているが、そんなものでどうやって儲けるのか？」

と思われたのである。実際、当時のインターネット商売といえば、ISP（インターネット接続プロバイダ）が注目を集めていた程度だった。

しかし私は、市場も何もできていない状態だからこそ、逆に市場は無限にあると考えた。荒れ

果てた無人の荒野を見て、

「ここには誰もいないから、商売にはならない」

と思ってしまうのか、それとも、

「誰もいないからこそ、無限の可能性がある」

と考えるのか。その違いは大きいと思う。とにかく、信じることが大切なのである。

もちろん、無人の荒野を見て、不安にならない人はいない。本当にこんなところに客は来るのだろうか。商売を始めてしまっても、実は人っ子一人来ないのではないか。そんな不安はもちろん、誰もが感じることだと思う。

もちろん私は、蛮勇をふるって無人の荒野でビジネスを始めるべきだと主張しているのではない。私だって1996年当時、まだ海のものとも山のものとも分からなかったインターネットという無人の世界を前に、「これが本当にビジネスになるのか？」という不安はあった。

だから私は、ちょっとしたテストマーケティングを行ってみたのである。その第一歩が、コンピュータ企業でのアルバイト経験だった。

ウェブの制作というビジネスが大きな市場になる可能性を秘めていることは、アルバイト先の会社で営業をやってみて、自分でもよく理解できていた。1996年の段階で、何がインターネットビジネスとして成立するかを慎重に考えれば、それはウェブ制作とホスティングサービス

（サーバの一部をスペース貸しするビジネス）しかなかったのである。だったらそれをやるしかないし、実際に勤務先では次々と受注が舞い込んできていた。

だからこのアルバイトの経験は、起業のためのテストマーケティングの第1段階だったといえる。仕事をしながら市場がどうなっているかを知り、業界内に人脈も培われ、そして営業のやり方をじっくりと覚えることができた。

しかしアルバイトの経験だけでは、テストマーケティングとしては不十分だった。会社の一員として働いているだけでは、もし自分が起業したら、本当に仕事はくるのだろうかという疑問に答えることはできない。

「今までのように会社の後ろ盾がなくなっても、こんな小僧に顧客は本当に仕事を回してくれるのだろうか？」

そんな不安が私にはあった。そこで私は、本当にささやかな第2段階のテストマーケティングを行ってみることにした。つまり、仕事上で知り合った人に、フリーランスの立場で仕事をもらえないか頼んでみたのである。

結果は上々だった。たったの2週間で、80万円もの仕事が入ってきたのである。これなら独立してもとりあえずは大丈夫だ。そんな自信ができた。よし、独立して起業しよう。私は決意した。

起業家の適性の見極め方

自分より優秀な人が半分以下ならやれる

最低限、起業に向いているかどうかという適性があるのは事実だ。でもそれほど心配することはないと思う。私だって、自分が社長に向いているかどうかなんてそこまで考えてはいなかった。よほどのことがなければ、起業なんて本当は誰でもできる。でももし、自分が会社を興そうと思って、でも「こんな自分にもできるのか？」と不安に駆られてしまうのであれば、1つの基準はお教えできる。

もしあなたが会社員で、どこかの組織に属しているのであれば、周りの同僚や上司、部下たちを見渡してみてほしい。もし自分よりも優秀な人が、全体の半分以上もいるように思えるのだったら、起業はあきらめた方がいい。でも逆に、「オレよりも優秀なヤツは半分もいないなあ」と思ったら、大丈夫。あなたには起業の適性が十分にあると思う。

さらに追加するとすれば、適性と起業の業種にも若干の相関関係はあるかもしれない。これまでやってきた仕事のスタイルや年齢、学校や仕事の中で学んできた知識やスキルも影響するだろう。ごり押し営業やどぶ板営業、人情営業といったスタイルが得意な人であれば、あまり複雑な商品を売ることは考えず、単純な商品を売ることを考えた方がいいかもしれない。それだけの営業力があれば、競合他社と差別化のできない単純な商品であっても、売り上げを十分に上げることができるだろう。

逆に技術力に自信があるのであれば、そのパワーを存分に生かした競争力のある商品を売ることができる。営業で勝負するのか、それとも技術力で勝負するのか、企画力で勝負するのか。もちろんすべてのパワーが備わっているに越したことはない。でもわずか数人のメンバーで始める小さなベンチャー企業で、最初からそんなに何でもできるはずがない。自分の持っているパワーをきちんと見極め、まずは何で勝負していくのかをじっくりと考えてみよう。

自分でリサーチし、自分で判断し、自分で決断する

そして自分の適性をきちんと見極めることができ、勝負できる業種も決定すれば、あとは走り出すだけだ。

「本当にうまくいくだろうか」

とくよくよ悩んでいても仕方がない。本気で会社をつくろうと思っているのだったら、いつかは

踏ん切りをつけなければならないのである。だったらそれは、今しかないはずだ。何度でも言おう。準備段階が終わったら、会社を興す時機は1つしかない。「思い立ったら、今すぐに」である。入念なリサーチが終わり、このビジネスモデルでいけると判断したら、すぐにでも始めよう。時々、周囲の人に、

「会社をつくろうと思うんだけど、どう思う?」

などと相談してまわっている人を見かけるが、論外だ。背水の陣を敷いて、あと先考えずに飛び込めばこそ、

「ようし、やってやるぞ!」

という気合が入るというものである。会社を興すにあたっては、実はガーンと気合を入れるのがいちばん大事なのだ。必死で気合を入れなければ、会社を軌道に乗せることはできない。

私がオン・ザ・エッヂを設立したときには、何人かの創業メンバーを集めたけれども、別に彼らに「会社をつくりたいけど、どうしよう?」と聞いたわけではない。自分でリサーチし、自分で判断し、そして自分の決意として起業へと踏み切ったのである。

人に相談してまわっていたら、ただひたすら迷いが増えていくだけだ。

どのようにして資金を調達するのか

事業計画書を片手に創業メンバーの父親を説得

入念なリサーチと、「ようし、やるぞ！」という気合さえあれば、あとは何も怖いものはないはずだ。

しかし多くの人にとっては、どこからどうやって資金を調達するのかが重要な問題となるかもしれない。でも前に書いたように、元手のあまり必要ではないビジネスを始めるのであれば、それほど巨額の現金は必要ではない。それこそ元手がゼロでも始められるビジネスだってある。

株式会社を設立するには１０００万円、有限会社なら３００万円の資本金は必要だ。だがこれも中小企業挑戦支援法という法律ができて規制が緩和され、１円でも起業することが可能になっている。

私の場合は、この本の冒頭で紹介した事業計画書を持って、資本金を借りに行った。

お願いに行った先は、創業メンバーの父親のところだった。

彼は会社を経営しており、年商は10億円に上っていた。きちんと事業を説明すれしてくれるかもしれない。そう考え、作成した事業計画書を持ってお願いに行ったのである。創業メンバーの父親は、慣れないながらも汗をかきながら必死に事業計画を説明する私に対し、快く資金を出してくれた。

初期コストは抑えに抑えて150万円

このとき借りたのは、600万円である。500万円が融資で、残りの100万円が出資という形だった。そしてこの600万円が、オン・ザ・エッヂの最初の資金となった。この金額は、次のようにコストを綿密に計算した上でのものだった。

まず初期コストは、事務所とオフィス用品、それにサーバなどのコンピュータ機器が必要だ。初期コストは抑えられるのであれば、できるだけ抑えた方がいい。事務所は最悪の場合、自宅でもかまわない。ただ私の場合は冒頭の事業計画書の中の人員配置計画で書いたように、自分を含めて社員3人と、それ以外に従業員・バイトが3人、計6人でスタートさせる必要があったから、自宅ではさすがに無理だった。そこで六本木の小さな雑居ビルに、月額約7万円で7畳ほどの小さな部屋を借りた。そこに机を3つ入れ、それに加えて棚と兼用できる小さな机を2台プラスした。ほとんどのオフィス家具や什器、備品はリサイクルショップで買いそろえたから、合計しても10万円程度だったと思う。

最もカネがかかったのは、サーバなどのコンピュータ機器類だ。でもこれはビジネスの差別化を図る部分であり、生命線ともなるビジネスの武器だから、あまりに安い製品を入れるわけにはいかない。それなりの機器類をそろえ、全部で100万円ぐらいはかかったと思う。

初期コストがかかるのは、この程度のものだ。事務所の敷金・礼金や中古オフィス家具、サーバ代などを含めても、せいぜい合計150万円強というところだろうか。

毎月出ていくカネは最低3カ月分は用意する

次にランニングコスト。毎月出ていくカネは光熱費と事務所家賃、インターネット接続料金、税理士顧問料、そして人件費である。

インターネット接続料金は、今ならADSLでも1本入れれば、月額3000円程度で済んでしまう。だが1996年当時はブロードバンドなど影も形もなく、それどころか一般家庭では常時接続さえ実現していなかった。みんな電話線に低速のアナログモデムをつなぎ、「ピーヒャラヒャラ」と音をたててインターネットに接続し、高い電話代とプロバイダ料金を払っていたのである。当然企業向けのインターネットも非常に高く、低速の専用線が最低でも月額10万円近くかかった。このコストは馬鹿にできなかった。

ほかに税理士に対して顧問料を月額5万円程度支払っていた。当時、オン・ザ・エッヂは、市販のパッケージソフトである「弥生会計」というソフトで経費計算や決算などの会計処理を行っていた。会計は税理士にすべてお願いし、集めた領収書を期末にまとめて税理士に渡しておけば、あとは決算から税務申告にいたるまで全部処理してもらえた。

ちなみに余談になるが、この当時、オン・ザ・エッヂがお願いしていた顧問税理士は、後にわが社に入社してM&Aなどの財務部門で大活躍することになる宮内亮治取締役最高財務責任者（CFO）である。

本当は自分で複式簿記を覚え、会計全体が分かるのに越したことはないと思う。だが会計に対して知識も経験もない人間が、そこまで覚えるのはなかなか大変である。

基本的には、カネの「入」と「出」さえ見ておけば大丈夫だと思う。起業当初というのはランニングコストばかりが増えてキャッシュアウトが多く、キャッシュフローをいつも心配することになる。何とか入ってきたカネを内部留保させ、楽になろうと必死になる。右から入ってきたカネが左からどんどん出ていくのではなく、できればまずは半年分の蓄えを持とうと考える。そしてようやく半年分の蓄えができると、今度は何とか1年分を確保して、楽になりたいと願う。そんなふうに苦労しながら、徐々に会社を大きくしていく——起業当初は、そんなサイクルが続く。

そうやって経営を安定化して、軌道に乗せていくのである。

わが社が昔と比べられないほど大きくなった今も、実は基本は同じかもしれない。「入」を増やして、「出」を抑える。企業活動の原点といえるだろう。

それ以外に、当時わが社では、ある人に非常勤の技術顧問をお願いしていた。月額15万円というけっこうな金額の顧問料だったが、この技術顧問は草創期のオン・ザ・エッヂにとっては、大変な強みとなった。

先にも書いたように、当時オン・ザ・エッヂは技術も分かるウェブ制作会社を標榜し、あちこちに売り込みをかけていた。まだインターネット技術者も今ほどはたくさんいなかったから、取引先からは技術的な難題が次々と降ってくる。それまで私が知らなかったような技術を使った発注も少なくなかった。そんなとき、とりあえず私は、

「大丈夫です、できると思います」

と受けてしまうのである。そして帰社してからあわてて技術顧問に連絡し、

「すみません、こんな依頼が来たんですけれど、どうすればいいでしょう?」

と、どう対応すればいいのかを事細かに教えてもらうのだ。そんな方法で、ほかのベンチャーが受けられなかったような仕事も含めてさまざまな仕事を受注し、次々と守備範囲を広げていった。技術的に難しい仕事であっても、いったん受けてしまって必死で頑張れば、知識や経験はどんど

ん追加されていく。無理に仕事を引き受けているように見えても、そんなふうに続けていけば、よりいっそう仕事の幅を広げていくことができるようになる。私はとにかく、どんな仕事でも引き受けて頑張った。

ランニングコストの中で、最も大きいのは人件費である。人件費が捻出できなくなれば、人材は流出していき、ビジネスも続かなくなる。人件費をきちんと確保することは、会社の生命線を保つこととイコールと言ってもいいほどだ。

しかも人件費は先行投資であり、固定費でもある。前に「元手のかからないビジネスをやろう」と書いたが、人件費にだけはどうしても元手がかかってしまうのは仕方ない。

その計算は、どのようにすればいいのだろうか。

考え方はいくつもあるだろうが、守らなければならない原則中の原則はただ1つだ。家賃や光熱費などの細かい費用も含め、人件費を中心としたランニングコストは最低限、3カ月分は常に用意しておかなければならない。安全を考えれば、6カ月分を確保しておくのが一般的だろう。

この計算が分かっていれば、最初に用意した事業資金と要員数の相関関係が見えてくる。例えば社員が5人いれば、人件費だけで最低でも月額100万円は消えていくことになる。どの程度の給料を出すかにもよるが、150万円程度を見込まなければならないケースもあるかもしれない。それに諸々の費用を含めたランニングコスト総体では、150万～200万円程度に達してしまう。となると、株式会社の最低資本金1000万円で設立された会社の場合、6カ月分のランニングコスト確保は本当にギリギリ。下手をすると足が出てしまい、危険水域に入ってしまうことになる。1000万円なら、通常はスタッフ4人ぐらいが限界だろう。

オン・ザ・エッヂの場合は、資本金は600万円だった。最低3カ月の運用資金を考えた場合、初期コスト150万円を引いた450万円のうち、光熱費と事務所家賃、インターネット接続料金、税理士顧問料を合わせてランニングコストが月50万円かかることを考えると、社員とアルバイトの人数は逆算して6人が限界だったのである。

カネを貸してくれる人は必ずいる

資金調達の方法の話に戻ろう。

この600万円というカネは大金に見えるかもしれないが、探せばきっとどこかに貸してくれる人がいるはずだ。どうしても見つからなければ、最後は親兄弟を頼ればいい。私の親の世代ぐらいともなると、貯蓄熱の高い人も多いから、たぶん何とかなるだろう。

その際には、いかに相手を説得できるかがカギとなる。いくら親兄弟だからといって、みすみすドブに捨てることになるようなカネを貸してくれるわけがない。きちんと事業計画書を作って、

図１　資本金600万円の内訳

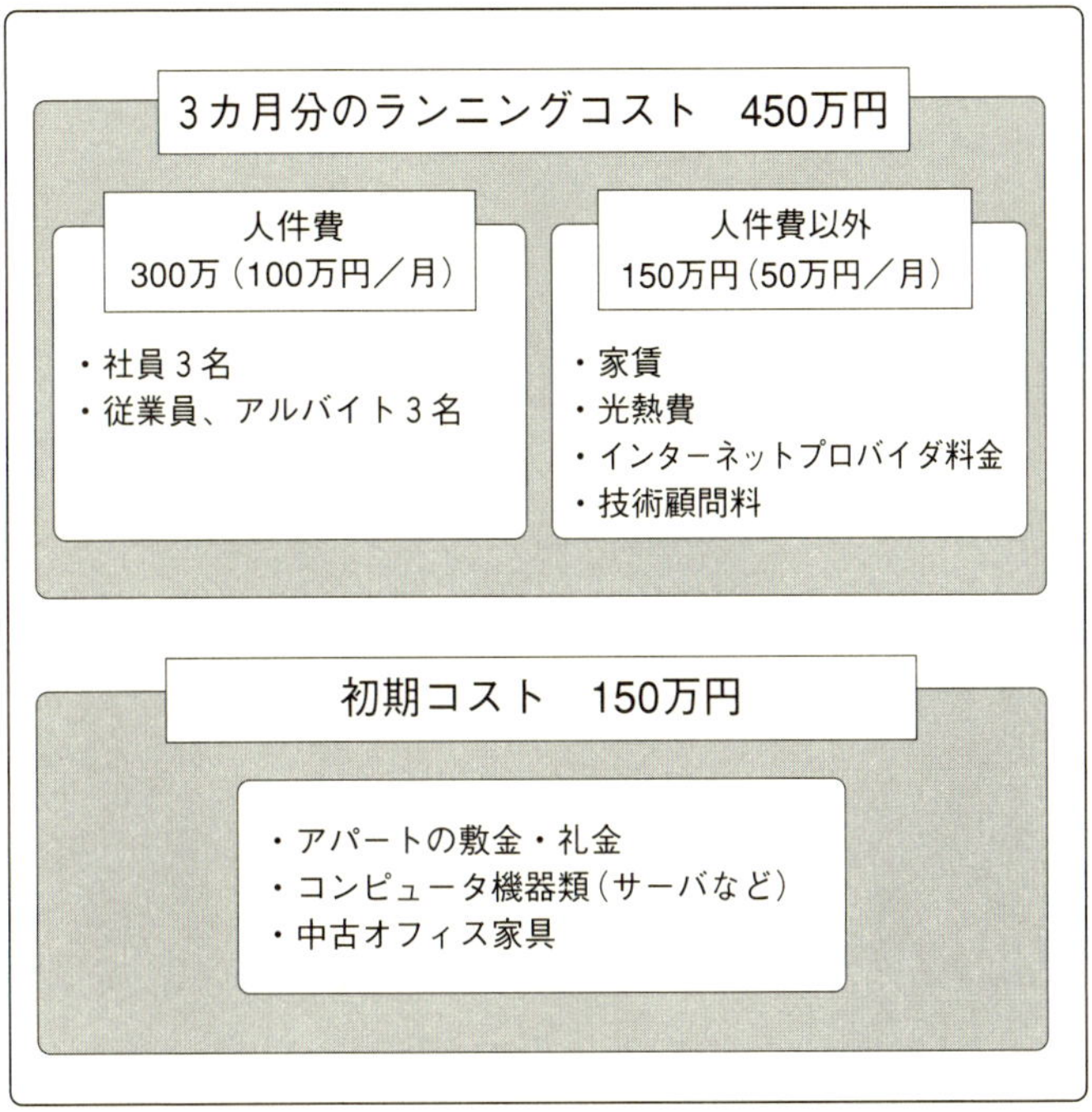

論理的に説明できるようにすることが大切だ。

体裁はどうでもいい。説得力さえあれば、手書きのメモだって十分だ。いくら美しくレイアウトされた事業計画書を作ったとしても、内容が乏しくて説得力のない内容だったら、資金を引き出すことはできない。

私が創業メンバーの父親に見せた事業計画書だって、パソコンでの清書が間に合わず、下書きにしていたノートの汚い手書きのメモのままだった。それでも熱を込めて一生懸命話し、いかに入念にリサーチしてこのビジネスのプランを作り上げたのかを説明したから、最後は成功したのである。

あるいは、サラ金からカネを借りたっていい。私の知り合いのベンチャー企業社長はサラ金5社から各30万円ずつ、計150万円を借りた。創業メンバーにも同じことをしてもらい、2人で300万円を用意した。これで有限会社は設立してしまえる。もちろんサラ金から借りると金利はかかるが、必死で稼げばカネはあとからどうにでもなる。

それにインターネットビジネスが広まってきた今なら、ベンチャービジネスに対する理解もかなり深まっている。有望な若者に対してなら、カネを出してやってもいいと思う人はどこかにいるかもしれない。どんな方法だっていい。例えば毎年、国税庁から高額納税者名簿が発表されて、新聞などに掲載される。通称、長者番付と言われているものだ。この中には、若い有望な起業家に出資してもいいと思っている人は少なからずいるかもしれない。だったら、長者番付の上位100人の住所を調べて、1通1通手紙を書くという方法はどうだろう。実際にそれほどのガッツのある人間はそうはいないだろうから、ひょっとしたら反応を返してくれる人だっているかもしれないではないか。それも1つの営業のかたちである。

ひょっとしたら私だって、面白いビジネスを持ち込んでくる人に出資するかもしれない。もちろんライブドアと競合するようなビジネスモデルであれば、投資委員会にはかって慎重に検討しなければならないが、ライブドアと無関係のビジネスであれば、可能性は十分にある。もし面白い話を持ち込んでいただければ、面接して判断させていただきたい。きちんと売り上げを上げて利益を出せそうな事業計画を持っているかどうか、そして起業家としての適性や資質があるかを総合的に判断し、有望だと信じることができれば、出資を検討させていただこうと思う。

いずれにせよ、カネの調達なんて、悩むほどのことはない。

1つだけ言っておくと、銀行やベンチャーキャピタル、公的機関などから融資や出資を受けようなどという考えは、最初から持たない方がいい。どこの馬の骨とも分からない一個人が持ち込んだ事業計画など、まったく相手にされない。門前払いである。起業にいたるまでに何らかのかたちでよほどの実績を上げているのでもない限り、頭の中で構築したビジネスモデルに耳を傾けてくれる銀行などどこにもない。

でもそれ以外に、方法はいくらでもある。

創業メンバーはどうするか

創業メンバーに過剰な期待を抱いてはならない

どうせ会社をつくるのなら、できるだけ優秀な人を集めたいと思うのは当然だ。仕事のできない人をスタッフに雇い入れて、事業が伸びるわけがないだろうと思うのも、理解できる。だが起業をスタートさせる際には、そこまで期待しない方がいい。

はっきり言ってしまえば、自分の周囲にいる人でも何でもいいから、気心の知れた人を連れてくれば十分だ。

そもそも、本当に将来性があるのかどうか分からないような会社に、驚くほど優秀な人が来てくれるわけがない。もしあなたが仕事の能力が高くて周囲から一定の評価もされていて、それなりの高収入を得ているとしよう。仕事で付き合いのある知人から、

「今度社員3人ぐらいを集めて起業しようと思うのだけど、来てくれないだろうか」

と誘われて、ほいほいとついていく気になるだろうか？　普通はならないだろう。自分が今いるポジションを捨て、新たな世界に飛び込もうとするためには、相当なインセンティブがなければ

無理だ。よほどそのビジネスモデルが秀逸で将来の可能性が見込めるとか、起業する社長を信頼しきっているとか、そういう理由でもあれば別だ。だが現実には、最初から約束されたサクセスストーリーなど、そう簡単には転がってはいない。

「だったら、最初は1人で始めればいいのでは?」

と思う人もいるかもしれない。だが会社を興して事業を展開するというのは、実際には1人では難しい。1人で営業に走り回って案件をたくさん取ってきても、その案件を1人で処理する能力には限界がある。スタッフは多ければ多い方が、仕事の量と幅を広げることができて有利だ。もちろん前項でも書いたように、スタッフを雇うと人件費という固定費が必要になるから、最初に用意した資金の額とのバランスの中で、用意するスタッフ数を決めなければならない。

私の場合は、冒頭の事業計画書にも書いたように、社員は私以外に2人を集めてスタートした。技術系のウェブ制作を売り物にした会社だから、最低デザイナーとプログラマーは必要だったのである。だから2人雇って、私が営業からデザイン、プログラムまですべての面倒を見た。さらに資本金の許す限りでアルバイトスタッフを3名入れた。

この人材の配分はもちろん、業種によって変わってくるだろう。例えば人材派遣会社だったら、技術者やデザイナーは不要だから、管理系を1人と営業2、3人という配分も考えられる。自分が選んだビジネスによって、どのようなスタッフ配置がベストなのかを事前に入念に練っておき、その計画に合わせて人を集めることが大切だ。

「みんなで会社を興そうぜ」

などと大学のサークル風にビジネスを始めるのは、青春ドラマの一場面としては美しくてカッコいいけれども、実際の起業に当てはめてしまうと失敗の元になる。デザイナー志望の人間ばかりが集まって、全然営業ができないために仕事が取ってこられなかったり、逆に営業向きで社交性の高い人はたくさん集まったけれども、商品企画を立てるなどビジネスを総合的に見られる人間がいなかったために、競争力のある商品を出せなかったり……。スタッフの配分を考えずに起業してしまうと、思いもよらない失敗に陥る可能性がある。

創業メンバーと会社の関係

創業時に集めるスタッフとは、できる限りドライでビジネスライクな関係を保っておいた方がいい。

冷たく聞こえるかもしれないが、それが冷徹な現実だ。

なぜそこまで冷たいことを言うのかといえば、会社が軌道に乗って成長してくると、創業時のメンバーの能力は、徐々に会社の間尺に合わなくなってくるからだ。スタッフの能力レベルというのは不思議なもので、数人規模の会社にはそのレベルに応じたスタッフしか集まらないし、数十人規模に大きくなればそれなりのスタッフが、そして数百人とか数千人とかに増えてくると、どんどん優秀な人が集まってくるようになる。「分相応」という言葉で説明すれば、分かりやすいだろうか。会社の規模に分相応なスタッフレベルというのが存在するのである。

だから創業時に集めた社員のレベルは、会社が大きくなってくると、相対的にどんどん物足りなくなっていく。

オン・ザ・エッヂでもそうだった。最初に来てもらった2人は自動的に有限会社オン・ザ・エッヂの役員になってもらったのだけれど、数十人規模に会社が成長してくると、だんだん会社のレベルとの釣り合いが取れなくなってきてしまったのである。外部からはどんどん優秀な人材が入ってきて、事業をバリバリと進めてくれる。しかしもともとの社員は、だんだんその仕事についていけなくなってしまう。端的に言えば、役員としての能力不足が露呈するようになってしまったのである。

正直に告白すれば、これは私にとっては大きな失敗だった。創業メンバーの父親から資本金を出してもらっていたこともあり、簡単に切ってしまうことはできなかった。そのうち、会社の方針をめぐって対立も深まってしまう。最後は泥沼のような騒動にまで発展してしまった。

この顛末については次章「会社を育てる」で明らかにしようと思うが、この事件で私は本当に反省した。

創業メンバーを「仲間」として扱ってしまうと、後々になって手が切れなくなってしまう。だから、できるだけビジネスライクでドライな関係に押しとどめた方がいい。

もちろん、だからといって求人情報誌に広告を出したり、人材バンクに依頼したりするとよけいなコストがかかる。創業メンバーとはあとでどうせ別れるものだと割り切って、カネをかけずに知り合い関係から簡単に集めておくのがいいと思う。

会社の体裁を整える

社名はインパクト勝負

ビジネスプランをまとめた事業計画書ができあがり、資金を調達し、そして創業メンバーをそろえれば、いよいよ準備は完了だ。あとは会社設立に向けて、さまざまな法的手続きを行うだけである。

会社の設立を説明した本は、書店へ行けば無数に出版されている。それらの本を読めば、設立手続きは簡単だ。

まず会社名を決める。同じ区市町村の中で同業種の企業が同じ社名を名乗っていたら、それは「類似商号」とされて登記することはできない。事前に法務局へ行って、類似商号が登記されていないかどうかをきちんと調べておこう。法務局には商号調査簿というのがあって、無料で誰でも閲覧することができる。

社名は、できるだけインパクトがあって人に覚えてもらえるような印象的な名前がいい。私のつけた「オン・ザ・エッヂ」という会社名には、実は「崖っぷち」といったネガティブな意味もあった。だが、そのマイナスイメージでインパクトを与え、でもその裏側に「エッジ（最先端）を走る」という気持ちを込めて、オン・ザ・エッヂという変わった社名にしたのである。

そしてそれは、

「背水の陣を敷いてこの起業にかける」

という強い意志表示でもあった。

社名が決定したら、次は書類の作成に移る。最も重要なのは、「定款」だ。でも面倒に思う必要はない。似たようなビジネスを展開している既存の会社の定款を真似て、自分の会社に合わせて改変してもいいし、『会社の作り方』本にも見本が掲載されている。あるいはインターネットで調べれば、定款の典型的な書き方はいくらでも見つかるだろう。設立当時の有限会社オン・ザ・エッヂの定款も、ご参考までに掲載しておこう。

（決議の方法）
第10条　社員総会の決議は、法令又は定款に別段の定めがある場合のほか、出席した社員の議決権の過半数をもって決する。
（議決権）
第11条　各社員は、出資１口につき１個の議決権を有する。
（議事録）
第12条　社員総会の議事については、議事録を作り、これに議事の経過の要項及びその結果を記載し、議長及び出席した取締役がこれに記名押印することを要する。

第４章　役員

（員数）
第13条　当会社には、取締役２名以上５名以内を置く。
（資格）
第14条　当会社の取締役は、当会社の社員の中から選任する。ただし、必要があるときは、社員以外の者から選任することを妨げない。
（代表取締役及び社長）
第15条　①当会社に代表取締役１名を置き、取締役の互選によって定めるものとする。
②代表取締役は社長とする。
（役員の報酬）
第16条　取締役の報酬は、それぞれの社員総会の決議をもって定める。

第５章　計算

（営業年度）
第17条　当会社の営業年度は、毎年３月１日から、翌年２月末日までの年１期とする。

第６章　附則

（最初の役員）
第18条　当会社の役員は、次の通りとする。
取締役　堀江貴文、Ａ、Ｂ
代表取締役　堀江貴文
（最初の営業年度）
第19条　当会社の最初の営業年度は当会社の設立の日から平成９年２月28日までとする。
第20条　この定款に規定のない事項は、すべて有限会社法その他の法令によるものとする。

以上、有限会社オン・ザ・エッヂを設立するため、この定款を作成し、各社員がこれに記名押印する。

平成８年４月15日

社員　堀江貴文　印
社員　Ａ　印
社員　Ｂ　印

有限会社オン・ザ・エッヂ定款

第１章　総則

（商号）

第１条　当会社は、有限会社オン・ザ・エッヂと称する。

（目的）

第２条　当会社は、次の事業を営むことを目的とする。

1　コンピュータネットワークに関するコンサルティング
2　コンピュータネットワークの管理
3　コンピュータネットワーク上でのコンテンツ企画・編集・デザイン
4　コンピュータプログラムの開発・販売
5　イベントの企画・運営
6　コンピュータ関連書籍の販売
7　学習塾の経営
8　前各号に付帯する一切の事業

（本店の所在地）

第３条　当会社は、本店を東京都港区○丁目○番○号に置く。

（資本の総額）

第４条　当会社の資本総額は、金600万円とする。

第２章　社員及び出資

（出資の口数及び出資１口の金額）

第５条　当会社の資本は、これを120口に分かち、出資１口の金額は、金５万円とする。

（社員の氏名、住所及びその出資口数）

第６条　社員の氏名、住所及びその出資口数は、次の通りである。

氏名	住所	出資口数
堀江貴文	東京都文京区（以下略）	60口
A	東京都世田谷区（以下略）	40口
B	東京都世田谷区（以下略）	20口

第３章　社員総会

（社員総会）

第７条　当会社は、毎年３月に定時社員総会を開き、必要に応じて、社員総会を開催するものとする。

（招集）

第８条　①社員総会は、社長たる代表取締役が招集するものとする。
②社員総会を招集するには、会日より５日前に、各社員に対して、その通知を発することを要する。

（議長）

第９条　社員総会の議長は、社長たる取締役がこれに当たる。

意外なところで役立った2月決算

最初に作った定款で、オン・ザ・エッヂは営業年度を毎年3月1日から翌年2月末日までとした。いわゆる「2月決算」という形にしたのだが、これが初年度、意外なところで役に立ったのを覚えている。

前にも書いたように、オン・ザ・エッヂは1996年4月に設立し、最初の事業計画書に組み込んでいた案件は思ったほどには入ってこなかったが、予想外の受注があれこれと入ってきて、初年度だけで事業計画をはるかに超える売り上げを上げることができた。一方で多くの取引先が3月決算だったことから、3月に納期をずらしてもらうことができ、3月期のわが社の売り上げはすべて2期目に組み込まれることになった。

会社を立ち上げたばかりでキャッシュフローも乏しく、莫大な税金を払う余裕はないベンチャー企業にとって、2月決算はこんな思わぬメリットをもたらしてくれたのだ。

定款の準備と並行して行わなければならないのは、出資金を銀行に払い込み、銀行から資本金を預かっているという残高証明のような「出資払込金保管証明書」を発行してもらうことだ。

不思議なことに、まったく知名度のない社員数人のベンチャー企業を設立する場合、メガバンクの支店に行ってもなぜか門前払いされてしまう。地元で地道な営業活動をしている信用金庫や地方銀行などを選ぼう。

　あとは社印などの印鑑を作成し、そして公証役場に行って定款を認証してもらおう。公証役場というのは法務局に付随した機関で、裁判官や検察官を退職したお年寄りが、公正証書の作成や定款の認証を行ってくれる場所である。定款認証は最初に出資した社員全員で行わなければならないが、実際にはただでさえ起業前の忙しい時期、そんなところに全員が雁首をそろえて出かけている暇がないことが多い。そこで社員全員の実印が押された委任状を集め、誰かが代表して定款認証の手続きを行うことになる。

　これで準備はほぼ終わった。公証役場で定款認証が終わったら、その足で法務局に出向いて、定款や出資払込金保管証明書、その他さまざまな必要書類をまとめて提出する。審査が行われ、約1週間後に登記が完了する。とうとう会社が設立されたのである。

　これで資本金を預けておいた銀行からも、カネが引き出せるようになる。もちろんその前に借金して当座の資金を用意しておき、事務所費用などにあてておいてもいいのだが、金銭的に余裕がない場合はそうもいかない。資本金の一部をとりあえず引き出して、中古OA家具・機器ショップへ、什器や家具類、パソコン周辺機器などを買いに行こう。あとは事務所の入り口に、社名の看板でもかければOKだ。

　いよいよ、仕事の始まりである。

第2章　会社を育てる

営業力を高める

ハッタリでも「できる」というスタンスを貫く

何と言っても重要なのは、営業だと思う。営業を一生懸命やっておけば、仮にそれ以外の部分がかなりボロボロになってしまったとしても、何とかなる。

やり方は、人それぞれだ。営業に、

「こうしなければならない」

という決まった形などはない。やり方が分からないのであれば、例えば何でもいいから、とりあえずしつこく電話をかけてみるという方法から始めたっていい。何度も電話をかけ、先方の事務所に顔を出していれば、そのうち何らかの仕事は発注してもらえるようになるはずだ。

だが可能なら、単なるどぶ板営業ではなく、商品にアドバンテージを持たせて戦略的な営業をできるようにしておくことが大切だ。

オン・ザ・エッヂの場合は、とにかく「技術力」を前面に打ち出した。単なるウェブ制作ではなく、

「技術があるから、何でもできますよ」

という売り文句で攻めたのである。

正直に言ってしまえば、それはある種のハッタリだったと言えるかもしれない。第1章「会社をつくる」でも書いたように、実際にはそれほどのすごい技術力があったわけではなく、月々15万円を払ってお願いしていた技術顧問に負うところが大きかったからである。顧客から引き受けた仕事が技術的にどういう内容なのかさえ、よく分からなかったこともあった。それでも「できません」とは決して言わず、とりあえずは、

「大丈夫だと思いますよ。できますよ」

と言っておいて、会社に飛んで帰り、あわてて技術顧問に電話する。その方法で、たいていは何とかなった。オン・ザ・エッヂには技術力のベースはあったから、新しいテクノロジーを使った製品の受注が来ても、必死で勉強すれば何とかついていけたのである。

営業以外はアウトソースすればいい

オン・ザ・エッヂの場合はそこまでは必要はなかったが、もし最悪、どうにも太刀打ちできない局面にまで追いつめられ、納品ができそうもないということになったとしても、実は何とかな

る。その仕事に限っては、技術力を持っている別の会社にアウトソースしてしまえばいいのである。とにかく、仕事を取ってくることが重要なのだ。

アウトソースについても、少し触れておこう。

最近は何でも仕事を外へ出してしまうことが流行っていて、「ＢＰＯ（ビジネスプロセスアウトソーシング）」という流行語のもとに、人事や総務、果ては営業までアウトソースしてしまい、会社の本体には経営戦略部門だけしか残さない、という過激な経営手法も登場しつつある。そこまでいかなくとも、ベンチャー企業が営業・販売をほかの会社にお願いし、自分は技術開発だけに注力するというのはよくあるスタイルだ。技術系ベンチャーとして起業し、社長自らが生粋の技術者であるような場合は、

「自分は営業が苦手だし、できれば得意な開発に専念したい」

と考える気持ちも分かる。苦手な営業を行って苦心惨憺するよりは、別の会社と提携してプロの営業に任せた方が安心というのもうなずける。

だが私の考えとしては、営業を外に出すことは勧めない。特に起業間もないベンチャー企業にとっては、営業は会社の命運を握る生命線であり、ビジネスの基本中の基本である。コアコンピタンス（企業の中核となる能力）を軽々しく手放さない方がいい。

営業のメリットは、物を売って売り上げを上げるというだけではない。顧客と直接接点を持つ

ことができるため、顧客やユーザーが自社製品に対してどんな感想を持ち、どの部分に不満を感じているのかといった反応がダイレクトに返ってくる。

このメリットは非常に大きい。製品にユーザーの声をきちんとフィードバックさせることで、欠陥商品の発生を未然に防ぐことができ、リスクを減らすことができるようになる。そしてそうやってブラッシュアップさせているうちに、製品はどんどん品質が高まって、競争力も向上していくことになる。

過去、営業をおろそかにして成功した企業は存在しないということを、よく胸に刻み込もう。

逆に言えば、他社との差別化につながらず、競争力を高める要因とならないような部門は、コストとの兼ね合いでどんどんアウトソースしていけばいいだろう。特に総務や経理などの管理部門を内部で持っていても、ベンチャー企業では差別化にはいっさいつながらない。

最先端のビジネスモデルより確実に稼げる日銭事業

営業力を高めていく中でもう１つ重要なのは、とにかく日銭を稼ぐモデルを確立することである。

インターネットのベンチャー企業の多くが、うまく事業を離陸させることができずに失敗してしまったのは、この部分をおろそかにしたことが大きい。

インターネットビジネスでは以前、「最初にシェアを支配した企業だけが生き残ることができる」という考え方が、かなり幅を利かせていた。この考え方は、限定的にはビジネスのいろいろな分野に当てはまる。例えば1980年代にベータとＶＨＳが争ったビデオカセット規格戦争がそうだ。ソニーのベータ規格の方がコンパクトで高性能だと言われたが、物量に勝るＶＨＳがどんどん市場を支配していくと、最初はベータ規格のビデオデッキを購入していた消費者も、雪崩を打ってＶＨＳに切り替えていった。友人や知人とビデオの貸し借りをしようとしてもベータでは相手にされず、レンタルビデオ屋に行ってもベータのビデオが置かれなくなってしまったからである。まず何よりも市場を支配するというのがいかに大事かということを、この戦争は見せつけた。

マイクロソフトのウインドウズにも、同じことが言えるだろう。ウインドウズがどんどん市場を制覇していくにしたがって、ウインドウズの競争相手だった商品は姿を消していった。周囲が全員ウインドウズを使うようになってしまうと、自分だけ別のＯＳを使っているというのは非常に不便な状況だからである。ウインドウズが広まれば広まるほど、さらに加速的にユーザーは増えていき、そして今のように90％以上の市場占有率を誇るまでになってしまった。

こうした過去のケースを見ていると、何としても市場を独占しなければ……と思う気持ちはよく分かる。トップ企業が市場を奪取した途端、2番手以下の企業はシェアをどんどん落としていくことになり、設備などそれまでの投資がすべて無駄になってしまうからだ。つまり2番手以下は、全員が負け組になってしまうのである。そうならないためには、あらゆる手を尽くして市場を奪い、トップに立つしかない。

しかしその考え方が行きすぎてしまうと、非常に奇妙なことになる。インターネットビジネスの初期のころに起きたのは、そうしたことだった。

「何が何でも市場を取る」という目的のために、無料でサービスを提供し、無料で会員登録をさせてユーザーを増やすという手法が大流行したのである。

だが考えてみれば、この考え方がすぐに行き詰まってしまうのは明らかだろう。あらゆる企業がすべて無料でサービスを提供すれば、どこか1社がシェアを奪うというのは当然のように不可能になる。逆に消耗戦に陥ってしまって、いつまでたっても売り上げが上がらないということになる。不毛なスパイラルではないだろうか。

そもそも最先端のビジネスモデルに賭けるというのは、かなり確率の低い賭けといえるだろう。もちろん資金が潤沢にあって、そして運が良ければ、労せずして儲けられるようになるかもしれない。その事業に賭けている起業家本人は、チャンスは十分だと考えているから実行に移しているのだろう。でもマクロ的な視点で見れば、そんな確率はかなり低い。ハイリスクなバクチのようなものだ。

オン・ザ・エッヂは、そんな不毛な戦略は採らなかった。

とにかく日銭を稼ぐことを第一目標にして、ウェブ制作やホスティングなどの事業に精を出したのである。

当時は新しいビジネスモデルがもてはやされ、他社が思いつきもしなかったような新たなサービスをいち早くスタートさせるのがカッコいいと思われた時代だったから、ウェブ制作やホスティングなどの業務はいかにも地味で、カッコ悪かった。でも流行の最新ビジネスモデルが一銭のカネも生み出さず、コストをどんどん吸収してベンチャー企業の経営を悪化させていくのを横目で見ながら、ウェブ制作やホスティングはきちんと毎日毎日、安定した収入を上げ続けてくれたのである。

おかげでオン・ザ・エッヂの経営状態は、きわめて安定していた。創業以来、単月で一度は赤字を出したものの、それ以外はこの8年間、単月度黒字を続けている。

カッコいいビジネスモデルも、頑張って続けていけば、いずれは売り上げが上がるようになるのかもしれない。そのときには、先行者メリットを生かして莫大な収益が期待できるのかもしれない。だがせっかく目の前に日銭を稼ぐことのできるチャンスが転がっているのに、それを無視して遠い先の未来に頼ってしまうというのは、あまりにももったいない話である。

組織構成を変える

社員が増えると不正も増える

会社が成長軌道に乗り始めると、だんだん社員の数も増えてくる。わが社のこの8年間の歴史を振り返ってみると、ターニングポイントは2つあった。最初の節目は社員数が30人を超えたとき。そして第2の転回点は、社員数が数百人規模にまで達したときだった。

１９９６年に有限会社オン・ザ・エッヂを設立して、99年ごろには30人規模になっていた。30人ぐらいまでなら、人的マネジメントはそう難しくない。社長が1人で全体を把握できるからだ。ワンフロアのオフィスなら、机の前に座っていても、社員全員の動きが見渡せる。フロアが仮に離れていたとしても、どの社員がいま何の仕事をしているのかは、おおむね把握できている。

ところがオン・ザ・エッヂも１９９９年ごろになってどんどん事業が拡大し、社員数が30人を超すようになると、急に管理が難しくなってきた。

まず第一に、社長の目がすみずみにまで届かないため、こっそりさぼったり不正をする社員が現れるようになった。人間というのは恐ろしいものだ。人の目があれば決してしないようなちょっとした不正も、誰も見ていないとなると衝動的にそういうことをしてしまうようになるらしい。それは会社の備品をかすめ取ることであったり、あるいは経費を上乗せ架空請求して余計に受け取るようなことだ。どれもちっぽけなことかもしれないが、資金繰りにあくせくしている中小企業にとっては大きな問題だ。

オン・ザ・エッヂでは、もっとひどい不正もあった。社員の管理を放っておいたら、残業代を勝手にどんどん請求して、基本給は20万円しかないはずなのに、毎月90万円も受け取っているような人間が現れたのである。労務管理が甘くて気づかなかったのも恥ずかしいが、それにしてもとんでもない事件だった。

購買の方法でもそうだった。社員数が増えてくるとだんだん野放図になり、コスト意識もなくなってくる。物品を買うのでも、一番安いものを探して買うようなことをせず、ろくに調べないで高い商品を購入したりする。

そうした問題が起きるたびに、手続きのフローを変更し、残業手当の処理や物品の調達にも社長の承認を必要とするなどの変更を行った。

細かいコストの削減というのは、意外とバカにならない。ちょっとした手続き上の操作が、ちりも積もれば……で大きなコストとなって跳ね返ってくることもある。オン・ザ・エッヂでは、コスト削減は徹底的に行った。例えば発注先への支払いはできるだけ遅くして、会社にキャッシュがなるべく長期間置かれているような形にした方がいい。ちょっとした金利の違いが、後に大きなコストの差となって表れてくる。

そうした手続きの変更をさまざまに実施し、30人規模に成長した企業を運営していくのは、本当に目の回るような忙しさだった。売り上げ規模で言えば、2億～3億円といったところだっただろうか。

マネージャーの優秀さで組織編成を変える

この時期になってくると、先ほど書いたように、社長が全体をきちんと把握して目を配るのが難しくなってきた。そこで、部署を4つに分け、それぞれにマネージャーを置くことにした。

制作部
技術部
営業部
管理部

という分け方だ。

マネージャーたちにいきなり予算や経費を１００％任せてしまうのはリスクが大きいが、業務に関する権限は、少しずつマネージャーたちに移管していったのである。30人規模の会社から、さらに大きな企業へと飛躍しようとすると、こうした中間管理職の存在は欠かせない。

どのように組織を運営していけばいいのか、というのは非常に難しい問題だ。組織の構成１つとっても、どうすればベストなのかはいつも頭を悩まされる。それは規模や業種、ビジネス戦略、あるいは社内の雰囲気などによっても大きく影響されるだろう。

制作部、営業部、管理部という分け方は「縦割り」である。機能別に組織を分け、横の連携ではなく、社長→マネージャー→一般社員という縦の指示命令で動いていくからだ。

縦割り組織の代表的な存在といえば、お役所。官公庁や市役所などではすべて組織が縦割りになっていて、

「自分の部署の仕事は一生懸命やるけれども、他の部署のことはまったく無関心」

「上司の顔色ばかりをうかがうようになる」

「他の部門には口を出さない」

といったマイナスの効果ばかりが指摘されてきた。変化に対応できない、組織が硬直してしまうとさんざんに叩かれてきたのである。

だが決して、縦割り組織が悪いわけではない。もし優秀なマネージャーがいて、そのマネージャーの強烈なリーダーシップによって上意下達で部門を運営していけるのであれば、機能別部門に分けた縦割り組織の方がうまくいく。営業に強いマネージャーがちゃんといるのであれば、彼に営業部全体を任せてしまえばいいのである。特に30人規模程度の会社であれば、上意下達の縦割り組織であっても、硬直化してしまったり、変化に対応できなくなるといった弊害は出てこない。逆に部門が一体となって進んでいく手法としては、十分に使いでのある組織形態といっていいだろう。

そう思って、オン・ザ・エッヂも縦割り組織にした。でも、うまくいかなかった。最大の原因は、マネージャーが優秀ではなかったからだ。今考えれば、そりゃそうだ。わずか30人程度の吹けば飛ぶような小さな会社に、そんなに優秀なマネージャーが何人もやってきてくれるはずがない。

外部から招いて各部署に配置した4人のマネージャーは、結局全員が辞めてしまった。自分にとって荷が重い仕事を任されてしまい、耐えきれなかったのである。

それで仕方なく、今度は横串の通った事業本部制に変えてみた。

アウトソーシング事業本部
エンタープライズ事業本部
コンシューマー事業本部
ネットワーク事業本部
管理部

という組織構造に変えたのである。本当に試行錯誤しながら、何度も何度も組織を変えていくしかなかった。

この事業本部制度は、しばらくはうまくいった。2000年春に東証マザーズに株式上場したころは、この組織構造だった。だが上場後しばらくして、再び縦割り機能別部署制度へ戻すことになる。理由は簡単だ。とびっきり優秀なマネージャーが入ってきたからである。そのときは、次のような分け方になった。

営業グループ
営業企画グループ
制作部
管理部

営業関係はそのマネージャーに面倒を見てもらい、制作部に関しては私が社長業とマネージャーを兼任して管理した。この2本立て馬車のようなスタイルは、かなりうまくいった。1年半は続いただろうか。オン・ザ・エッヂ中興の時代、この組織体制が今の会社の礎を作り上げたと言ってもいいだろう。

社員100人規模で会社から去ったトップセールスマン

しかし会社の成長というのは、恐ろしいものである。このままずっとうまくいくだろうと思っていたのが、社員数100人規模になると、とたんにうまく回らなくなってきたのである。つまり、あれほど優秀だと思っていたマネージャーが、だんだん能力不足になってきたのだ。

それはつまり、こういうことだった。そのマネージャーは、プレイングマネージャーとしてはとても優秀だった。自らがトップセールスマンとして営業部隊を率い、営業活動の先頭に立ってバリバリと仕事をしてくれた。彼が取ってきた仕事の量はものすごかった。

でも自分自身がセールスマンとして優秀すぎる人間は、部下の人心掌握術に長けていないことが多い。優秀な野球選手が必ずしも名監督にはなれないのと同じことである。

彼も優秀な選手だったが、部下の気持ちや仕事ぶりに心を配って采配を振るうという能力はそれほど高くなかったのである。

別の言い方をすれば、プレイングマネージャーとマネージャーというのは、執行役員と取締役の違いにもつながってくる。目の前に横たわっている仕事を遂行する能力が高いということと、経営全体を総合的に判断する能力というのは、イコールではない。自分の事業範囲しか見られない人間は、取締役には決してなれない。

わが社では、執行役員と取締役を明確に分けている。執行役員には経験や実力に優れている人物を配置し、取締役には参謀的な人間を入れている。しかも取締役は経験ではなく、ビジネスセンスや発想が重視されるポジションだから、年齢もできれば若い方がいい。

いずれにせよ、プレイングマネージャーとして優れた人間が、必ずしも優秀なマネージャーになれるとは限らないのである。

彼も、プレイングマネージャーのころは、大変優秀だと思われていた。

特に営業チームが15人ぐらいの規模のころは、何の問題もなかった。その程度であれば、組織を統率するマネージメントの能力はあまり問われない。部下に任せず、自分で案件を取ってくれば済んだからだ。しかし会社が100人規模になり、営業チームの体制も20～30人の規模になってくると、だんだんそういうわけにはいかなくなってくる。自分自身が先頭に立って営業活動に突進していくよりも、全体の流れをきちんと判断し、部下を効果的に配置するといったマネジメントの能力の方が必要なのだ。

彼は優秀なセールスマンだったけれど、部下がついてこなかった。力不足がだんだん露呈するようになってしまったのである。

そうしてトップセールスマンはわが社を去り、オン・ザ・エッヂは再び、事業本部制へと移行した。

ウェブ事業部
ネットワーク・アンド・ソリューション事業部
コマース事業部
ファイナンス事業部

これだけの事業部がまず立ち上げられ、その後コンサルタントの仕事ができるスタッフが入ってきたため、コンサルティング事業部を立ち上げた。さらにソフト販売事業を本格的にスタートさせるため、ソフトウェア事業部が作られた。この体制は、現在も続いている。

事業部制度のまま現在まで進んできたのは、優秀なマネージャーがいなかったからではない。現在のライブドア（２０００4年2月に社名変更）は、１０００人規模の会社へと成長している。この規模ともなると、さすがに縦割り機能別組織制度では仕事が回らなくなってしまうのだ。

１００人規模の会社だったころとはうって変わり、１事業部でも数十人、多いときには１００人規模になっている。１つの事業部が１つの会社組織のようなものだ。それぞれの事業部の中に営業グループが作られ、そして事業部ごとにさまざまな戦略が練られることになる。実際、この規模の企業は事業部制度になっているところがほとんどだろう。

給料をどう決めるか

同じ20代で年収に最高1500万円の差がつく

会社が大きくなってくると、さまざまなことに目を配らなければいけなくなってくる。社員の給与体系もその1つだ。社員をどう遇すればいいのか。できうる限り公平無私に、しかしきちんと成果に応じて報酬が支払われるようなシステムを作っていかなければならない。

ライブドアでは、給与体系は次のように決めている。

基本的に支払われるのは、基本給と年2回の賞与。基本給は年4回行われる査定で決める。査定は自己評価と他者評価を交えた360度評価だ。事業部ごとにベースとなる金額は、全社的な業績に応じて異なっており、儲かっている事業部では当然のように給料は高くなる。わが社には中途採用で入社してくる人がほとんどなので、多少は前職で受け取っていた給与との兼ね合いで調整が行われる。合併・買収によって他社から流れ込んでくる場合も同様だ。だが徐々にライブドアの給与水準に近づける形でならされ、3カ月もすればライブドアの給与とほぼ同じ額になっていく。

もちろん、それは単にライブドアの給与水準に近づけるために、給料を減らすということを意味しているのではない。当然、給料が安くなる場合もあれば、高くなる場合もある。前職で、単なる年齢や経験年数にだけ応じて受け取っていた給料を、成果報酬型に近づけてもらうというだけだ。わが社は徹底的な成果報酬型給与体系となっていて、同じ20歳代でも、できる社員とできない社員では年収に最高1500万円の差がある。

冷たい言い方かもしれないが、従業員というのは放っておくと、みんなどんどん楽な方向に走っていってしまう。それをどう押しとどめ、仕事をさせる方向に持っていくのかが経営者の腕の見せどころといってもいいだろう。

例えばわが社が2002年秋に買収した無料プロバイダの旧ライブドアは、売り上げはそれなりに上がっていたにもかかわらず、利益率が非常に低かった。調べてみると、人件費をはじめとするコストが非常に大きな負担になっていた。スタッフを数十人も抱えていて、私は、

「いったいどうしてこんなにたくさんいるのだろう？　いったいみんな、何の仕事をしているんだろう？」

と不審に思った。だが実際には、仕事をしている人は非常に少なく、ベンチャー企業だったらアウトソーシングしていいような管理部門にまで、人をいっぱい配置していたのである。なぜそんなことになってしまったのだろうか。たぶん社員が楽をしようとして、「うちの部署は人が少な

い。増やしてくれ」と要求を出し、会社側がそれを鵜呑みにしてどんどん増殖させていった結果、そんなことになってしまったのではないだろうか。

旧ライブドアは、社員に年収平均７００万円もの給料を支払っていた。市場のアベレージと比べても、高すぎたのではないだろうか。この会社を買収した際、元の社員は民事再生法ですでに全員解雇されていた。わが社が再雇用したのはわずか２人。そのうちの１人は無料プロバイダ事業部門に残し、もう１人はまったく関係のない部署に異動してもらった。そしてプロバイダ部門には別の部署から５人ほど異動させ、その５人に旧ライブドアの仕事のすべてを任せてしまった。それだけの人数で十分足りる程度の仕事量だったのである。

旧ライブドアはそれまで、ずっと赤字から抜け出せなかった。だがわが社が買収したとたん、翌月からいきなり単月黒字に転換できてしまったのである。

わが社は、旧ライブドアのような野放図な人事管理は行っていない。

わが社では、全員が必死に努力している。しかも、一時的に瞬発力を出しているのではない。常に、努力し続けているのだ。そうしないとダメ社員の烙印を押され、どんどん降格されてしまうからだ。

ダメ社員を降格して給料を減らし、できる社員を登用して給料を上げる――。

非常に当たり前のことのように見えるかもしれないが、会社というのは大きな１つの社会となっており、上司と部下、同僚と同僚の間で複雑な人間関係ができあがっているから、それほど簡単に降格や登用を行えるわけではない。ダメ社員だなと思っても、一緒に長くやってきた者だったりすると、

「あいつも頑張ってるからな……」

とつい同情する気持ちが出てきてしまうからだ。特に中間管理職にとっては、そうした気持ちが強いだろう。例えば上司から、

「A男は全然成果を上げてないじゃないか。降格しろ」

と命じられても、

「いや、そうは言ってもA男は今結果を出そうと必死で頑張ってるんですよ。もう少し長い目で見てやってくれませんか」

と、かばってしまう。A男本人と毎日一緒に仕事をしていて、一心同体さながらにしているだけに、みすみす降格されるのを黙っているわけにはいかない。中間管理職に「降格させろ」と憎まれ役を押しつけるのは、なかなか難しいのである。

そこでわが社ではどうしているかと言えば、事業部のマネージャーが一手に憎まれ役を引き受けている。直属の上司に任せるのではなく、マネージャーが直接A男を呼んで、降格を命じてしまうのだ。割り切って悪者になり、バッサバッサと刀を振るってしまうのである。しかも降格・

減俸は思い切って最大限行ってしまう。給料はドーンと減ることになるが、それで投げやりになってしまうのであれば、それまでだ。仕事ができず、やる気がなくて、おまけに給料を減らされてしまえば、たいていは退職していなくなってしまう。

しかし減俸という目にあって初めて目が覚め、「よし、頑張ろう」と思って仕事を必死でやってくれるようになれば、私としてはそちらの方がもちろんうれしい。そうやって頑張って、きちんと成果が上げられるようになれば、給料は再び上がっていくことになる。

そうしたポリシーを通していれば、会社から人材がどんどん流出していくといったことにはならない。決してえこひいきやその場の思いつきで、給料を上げたり下げたりしているのではない。一本筋の通った考え方で給与を決めていれば、できる社員は必ず理解してくれる。

それに最近は企業が倒産し、優秀な人材が市場に流出していることも多い。人材はあり余っていると言ってもいいほどだ。優秀な人材はいくらでも転がっている。

こんなふうに私が書くと、冷たい言い方をしているように思う人もいるかもしれない。だが、われわれは営利事業として株式会社をやっているのであって、営利という目的にそぐわない人材に対しては、バッサリと切っていくのは当然だと思う。それができないのなら、ボランティアでもやっていればいいのだ。

それに、できる社員にとってはライブドアは決して非道な組織ではない。それどころか、会社の成長にしたがって、社員たちは大変良い待遇を受けられるようになり、みんなが幸せになっている。その人生の充実ぶりについては、第4章「みんなで幸せになる」をぜひ読んでほしい。

マネージャーとの攻防で決まる〝積み上げ式〟給与システム

わが社の給与体系に話を戻すと、執行役員クラスに関してはまた別のシステムを採用している。執行役員は事前申告制で、本人の所属している事業部の予算に応じて、給与の総額を決定する方法だ。実際にはそれまでの3カ月の実績に応じ、取締役との面談で給料を決めていくことになる。

ライブドアでは、人事コストの総額を事前に決めているわけではない。配分式ではなく、積み上げ式で給与の総額が決まっていくことになる。給与は事業部ごとに利益に応じて変動し、査定会議では事業部のマネージャーがさらなる積み上げを要求し、私の側が何とか総額を抑えようという攻防戦になるわけだ。

経営者にとって見れば、人件費はコストにほかならないから、一般的な物品調達と同じように、できる限り安く仕入れたいと思うのは当然だ。

調達という観点から見れば、

「ライブドアという会社は高く買い取ってもらえるらしい」

と外部から見られるのは、明らかにマイナスだ。かといってあまりに安くして、

「あそこは買い叩かれる」

と思われてしまうと、今度は調達する品物の品質が下がる。つまり、いい人材が集まらなくなってしまう。そこは微妙なさじ加減が必要だ。高すぎてもよくないし、低すぎるのもよくない。市場価格よりは安く買いたいと思うのは経営者の自然な気持ちだが、うまく価格を操作する巧みな腕が必要ということだ。

人材をマネージメントする

創業メンバーでも降格する

第1章「会社をつくる」でも書いたが、会社が成長してくると、どうしても社員の能力の差をめぐって、さまざまな軋みが生じるようになる。それをどう乗り越えるのかも、会社の成長にとっては重要なステップだ。

ライブドアでも、会社が小さいころは、あまり問題はなかった。会社設立の前にさんざん話し合っているから、「起業」ということに対する気持ちや考え方はみんな同じものを持っていた。社内でお互いの目も行き届いているから、考え方がすれ違ってしまうこともない。

ところが会社が大きくなってきて、2つの問題が生じた。

1つは、創業メンバーの中に、会社が大きくなっていくことを望まず、小さい会社のままでいいと思う人たちが現れてしまったことである。これはお互い相容れることのできない、徹底的な路線対立だ。この対立が最終的には社内で内紛を引き起こしてしまい、会社が割れるという事態にまで達してしまった。このつらく厳しい話は、第3章「会社を上場させる」で触れたい。

もう1つの問題は、ポストの問題である。これも第1章で書いたことだが、あとから入ってくる人間の方がどんどん優秀になってしまい、もともといたスタッフとの整合性が取れなくなってしまったのだ。会社の中では当然のように、古くからいる者が取締役やマネージャークラスに座っている。新しく入社してきた者は、当然のようにその下に就くことになる。だが新人の方がずっと優秀だから、自分の裁量でどんどん仕事を取ってきて、社内で問題のあった古い仕組みを改善したり、まったく新しい提案を行ったりするようになる。

しかし古参組の方は、これが気に入らない。もともとベンチャー企業の創業メンバーは実社会の経験が少ない人間が多い。しかもわが社のように大学生やアルバイトだった人間がつくった会社ともなれば、なおさらだ。

新人がこれまでの他社での経験や実績をもとに、新たな仕組みを導入しようとしても、古参の方はなぜその仕組みが有効に働くのかさえ、よく理解できなかったりするのである。

「なんでそんなことをするわけ？　前のやり方で十分じゃないか」

というわけだ。

この問題をどう処理するかで、会社が成長できるか、あるいは停滞してしまうかの大きな分かれ目となる。

ここで古参組の意見に賛同して、せっかく外部から来てもらった新人の意見を排除してしまう

と、会社の成長は望めない。相変わらず古参が取締役やマネージャーのポストに居座り、優秀な人材を外からどんどん導入しても、

「何か変な会社だな」

とあきれ、次々と辞めてしまって定着せず、古参組だけで小さくまとまった会社になってしまう。

私は、そんな方法は採らなかった。新人をどんどん採用し、そして完全な実力主義で人事を強行した。古い社員だろうが創業メンバーだろうが気にせず、降格人事もバンバン行ったのである。反発も少なくなかったし、おかげで古参はどんどん退社してしまった。だがこのおかげで、結果的には新陳代謝が非常に活発になり、会社の成長に大きく寄与したのである。

降格人事というのは、社長の権限だ。降格をすればみんないづらくなって、やがては辞めてしまうことが多い。

「せっかくこれまで一緒に頑張ってきた創業メンバーだから……」

と人情にほだされているだけでは、会社は伸びない。趣味のサークルや同好会ではないのだ。生活を賭けて、この企業を運営しているのだということを肝に銘じ、そして起業時に自分が抱いていた大きな夢や野望をもう一度思い出して、バッサリと人事を行うべきである。そこには葛藤の余地なんて、どこにもないと私は思う。

もちろん、能力をろくに判断もせずにどんどん降格するというわけでは、もちろんない。いろ

んな面からその人を見てあげて、でもどうしても能力を発揮できない人というのは、残念ながら一定数は存在している。私としては、社員にはできる限り能力を発揮してもらいたいと思っている。だがどんなに頑張っても、うまくやっていけないという人もいる。

例えばわが社で、創業メンバー以外で最初に役員になった人がいる。

特段優秀だったというわけではない。第1章「会社をつくる」で書いたように、会社設立時は、私とデザイナー、プログラマーの3人でスタートした。私が営業も含めて全体を見ることにしたのだが、事業が成長してくると、どうしても専従の営業担当者が必要になってくる。それで外部から営業のできる人を招き入れ、そして役員になってもらったのだ。まだ社員は12～13人のころだっただろうか。初の営業専従担当ということだった。

だがしばらくして、彼の能力不足ぶりは次々と露呈し始めた。

ちょうど会社の組織構造も、縦割り機能別部署制度から、事業本部制度へと移り変わるころだっただろうか。彼には再起をかけてコンシューマ事業本部のマネージャーを務めてもらったのだが、しかし蓋を開けてみると、クレームがひどく、仕事にならない。仕方なく外し、今度は管理本部の本部長になってもらった。それでもやっぱり能力的に厳しく、次は海外の子会社の社長になってもらった。結局そこもうまくいかずに、とうとう彼は退職してしまったのである。

私としては、彼には降格されても何とかそこで頑張ってほしかったと思っている。しかし、うまくいかなかった。

新しい人材を外から入れて、ライブドアの仕事の進め方や社内の体制などを一から覚えてもらうよりは、社内のことを熟知しているスタッフをうまく鍛え直す方が、もちろん楽だ。私は彼に、そんな「鍛え直し」を期待していたのだが……。

一方で、途中から入ってどんどん頭角を現し、登用されていった優秀な社員は、ライブドアにはごろごろしている。

非日常的成長を遂げる非常識的社員たち

見た目で優秀かどうかが判断できるわけではない。特にライブドアのように平均年齢が若く、売上高成長率が年率１００％を超えるような非日常的な成長を遂げている組織の場合、一般世間の評価とはまったく異なる面で才能を発揮するケースが多い。

採用面接の際に大変評価が高く、前職での仕事ぶりも素晴らしくて鳴り物入りで入社してくる人間よりは、面接のときに、

「本当にこいつ、大丈夫か？」

とマネージャーたちが疑問符を付けるような人物の方が、意外とがっちりとわが社の「非日常」

についていけたりするのだ。

本当に変な人材が、そんなふうにしてわが社にはたくさん入ってきている。例えば上司にタメ口を平気で利いたり、社会人とは思えないような服装や髪形だったり、普通の会社だったら書類選考で即落とされるような経歴・学歴だったり。でも面接で長時間話したり、入社後ひょんなことからじっくりと話す機会があったりすると、意外と隠れた才能が見つかるときがあるのだ。

そんなふうにビジネスのセンスがあると見込まれると、その後はみるみるうちに評価が上がり、給料も上がって、責任のある立場になっていく。

例えばわが社の看板プログラマーのM君。彼は東大理学部卒でまだ20歳代後半だが、年収は1000万円を優に超えている。多数の雑誌に執筆し、講演もこなしており、オープンソースの世界では日本を代表するプログラマーといってもいいだろう。彼は最初、全然目立たないアルバイトだった。だが私の知らない間に、わが社でプログラマーの実戦経験を積んでみるみるうちに頭角を現した。

ライブドアのスーパー営業マン、H君もそうだ。彼は入社1年ほどで、またたく間に営業成績でトップクラスへと躍り出て、その成績を維持し続けた。その後、ライブドアのヨーロッパ進出第2弾であるドイツ現地法人の社長に抜擢されている。彼の髪形は、オレンジのベッカムヘア。おまけに社長に対しても、平気でタメ口を叩くような生意気なタイプである。しかし生来のトークのうまさで、顧客との良好な関係を築くことができ、短期間で営業トップクラスの仲間入りをすることができたのである。

たぶんどんな会社にだって、彼らのような人材はたくさんいるのだろう。でもその多くは、才能を発揮できないまま眠ってしまっているのではないだろうか。私はそんな埋もれた人材を発掘し、何とか表舞台に引き上げてあげたいと思い続けている。だがそれは現在も、まだ道半ばというところだ。

人材をマネージメントしていくのは難しいが、やりがいのある仕事でもある。

キャッシュフローを忘れるな　①キャッシュインの考え方

キャッシュイン－キャッシュアウト＝キャッシュフロー

ベンチャー企業が成長していく過程で、忘れてはならないのが資金繰り（キャッシュフロー）である。資金繰りがうまくいかなければ、どんなに素晴らしいビジネスモデルを持っていたとしても、途中で続かなくなる。

逆に言えば、常に銀行預金や現金などのキャッシュポジションを十分確保しておき、安定的に営業利益を上げていれば、会社は必ずうまくいく。もし安定的な収入があるのにもかかわらず、経営がおかしくなっているとすれば、それは会社の体力以上に経費を使いすぎているからだ。赤字になって、資金繰りがうまくいかなくなる。

赤字になると、事態はどんどんじり貧へと落ち込んでいく。赤字の会社には、銀行が融資してくれなくなるからだ。そうするとますますキャッシュフローが悪化し、さらに経営状態は悪くなる。あとは倒産に向かって真っ逆さまだ。

キャッシュフロー経営というのは、しばらく前からビジネスの現場で盛んに言われるようになった。

例えばキャッシュフローを見ていないと、財務諸表の損益計算書（P／L）上では支出を収入が上回って利益が出ているはずなのに、実際には資金繰りが苦しくなってしまうということが起きる。

これはどうしてかと言えば、売掛金や受取手形などでの回収が多いと、P／L上では利益が上がっていても、まだ実際のキャッシュが入ってきていない、という事態になっているからだ。昔から言われる「勘定合って銭足らず」というのがそうで、この状態がひどくなると、黒字倒産になってしまいかねない。

逆に言えば、収益性が多少は低くなっていても、キャッシュさえちゃんと入ってきていれば、支払いに窮して資金繰りが悪化し、倒産してしまうという可能性は少ない。

もちろん、どの程度の売掛金や受取手形の残高が残っているのかは、財務諸表の貸借対照表（BS）の資産の部をきちんと見ていれば、把握することができる。BSにはそうした残高が表示されているからだ。売上高に対して、相対的に現金や預金の額が少なく、逆に売掛金や受取手形の残高が多ければ、資金繰りが悪化する可能性があるということになる。

資金繰りの状況は、財務諸表のキャッシュフロー計算書を見れば、さらに明快に分かってくる。

基本的には、簡単な計算だ。

キャッシュイン－キャッシュアウト＝キャッシュフロー

なのである。

頑張ってキャッシュインを増やし、できるだけキャッシュアウトを減らす。これが基本だ。

安定的と一時的の割合は半々がベスト

ではキャッシュインの中身は、どう考えればいいのだろうか。

先に安定的な営業利益と書いたが、キャッシュインについて言えば、ストック収入（固定収入）とフロー収入（一時収入）のバランスを保つことが大切だ。

ストック収入というのは、ソフトウェア使用料や運用サービス料、ハードウェア保守料、ネットワーク保守料、あるいはサービスの定額料金といった収入で、毎月安定的に入ってくるキャッシュである。大きな金額にはならないケースが多いが、きちんと毎月キャッシュインがあるという安心感は大きい。一方、フロー収入は単発の案件などで、ひとたび受注できれば巨額の収入が期待できるが、安定的ではない。

ストックとフローは、毎月半々になるようなバランスが最も望ましい。

収入の半分がストックになっていれば、仮に最悪、新規の仕事がまったく取れなくなってしまっても、通常の半分のキャッシュインがある。経費をとことん抑え込んでいけば、何とか食いつないでいける。

じゃあ売り上げのすべてがストックになっていれば、毎月安心して日々が送れるのでは？　という疑問を感じる方もいるだろう。確かにそうなのだが、もしストックに頼ってしまうと、今度は経営者や社員のモチベーションがどんどん下がっていく可能性がある。固定収入に安住してしまうのだ。

「もっと頑張って会社を大きくするぞ！」

というモチベーションを高めていくためには、ストックは半分程度にしておいた方がいい。

取引先を分散して貸し倒れリスクを減らす

キャッシュインに関しては、貸し倒れにも気をつけておかなければならない。特に体力がないうちの貸し倒れは、会社の屋台骨にかかわる。わが社もまだ規模が小さかったころに、かなり大きな案件で貸し倒れをやってしまったことがある。取引先が倒産し、売掛金が回収できなくなってしまったのだ。

だが痛手は思ったよりも、小さかった。

その理由は何よりも、わが社がインターネットビジネスを手がけている企業であったからだ。つまり販売している製品の粗利率が、他の業種と比べるとかなり高いのである。期待していた利益はごっそりとやられてしまったが、原価のマイナス分は小さかったということだ。

ウェブ制作やホスティング、ネットワーク管理など、実体のあるモノではない商品を売っているインターネット企業のメリットだろうか。もっとも、それが逆にマイナスになってしまうこともある。見えないモノを売っているため、例えばソフトやサービスが完成しているのに、納入を拒否して代金を支払わないという取引先がまれに存在するのである。向こうには向こうの言い分があるのかもしれないが、見えない製品を売るというのは、予想もしなかったトラブルを引き起こすこともある。

そうしたトラブルを避けるには、取引先はできるだけ分散させることだ。

分散のメリットはいろいろある。例えば案件が大きいからという理由で大企業とばかり付き合っていると、だんだん下請企業になっていってしまう。それで一生食べていけるのであればかまわない。だが爆発的な成長は望めないし、何より大企業と一蓮托生になってしまうのは怖い。昔ならともかく、弱肉強食のこの時代では、どんな大企業であってもいつつぶれるのかは誰にも分からない。自分の力で仕事を切り拓いていくのではなく、元請けの大企業の動向ばかりを気にして生きていくというのは、あまりにも情けないし、精神衛生上もよくないだろう。

基本的に私の考え方は、1社当たりの売り上げが全体の20%を超えないようにするということだ。20%を超えてしまったら、他の取引先を開拓するなどして、分散させた方がいい。これはリスクヘッジの基本である。

キャッシュフローを忘れるな　②キャッシュアウトを減らす

何度も相見積もりを取り、しつこく値切る

商売の神髄は、コストカットにある。つまりキャッシュアウトを減らすことだ。日々の細かいコストを見直し、繰り返し繰り返し、日々行っていかなければならない。

仕入れは前にも書いたように、必ず相見積もりを取る。

「あなたの会社はこれだけの金額を言っているが、あの会社はこういう値段を出しています」と何度も交渉し、値切っていくのである。相手に足元を見られないように、できるだけ素早く相見積もりを取る方がいい。例えば納期が迫ってせっぱつまっているような時期に見積もりを出そうとすると、相手に足元を見られてしまい、高い値段でモノを買ってしまうようなことにもなりかねない。

しつこく相見積もりを取っていると、そのうち相手は、

「もうこれでギリギリですよ。勘弁してくださいよ」

と「泣き」を入れてくる。ここから先が、もうひと勝負だ。このあとにさらに、５～10％は値切

る。さらにもう一度、

「じゃあ、端数はおまけしてください」

と言って、さらに細かく値切って、ようやく手を打つことになる。

「本当にそんなにしつこく値切って大丈夫なのか？」

と思うかもしれない。でも、絶対に大丈夫だ。相手も商売なのだから、どんなに値切られたとしても、利益の出ない金額を提示してくるわけがない。その金額で手を打てたということは、利益はちゃんと出ているということなのである。そこまで読み切れずに、

「相手がこんなに泣きを入れてるんだから、もう無理かも」

と届してしまう方が甘いのである。ビジネスの現場は、そんなに甘いものではない。

社員を甘やかし、仕入れ先と癒着してしまわないようにすることも大事である。癒着してしまうと、徹底的な値切りを行わず、なあなあな金額で発注してしまう。

癒着を防ぐには、仕入れ先は必ず3カ月で変えるといった方法や、相見積もりの結果を必ず上司に報告させるというフローを作ることで可能だ。

ライブドアの場合には、こうしたコストカットは徹底的に行っている。例えば私用の面が強いパーソナルな備品に関しては、自分で買ってもらうことにしている。パソコンなどがそうだ。ほとんどの人が趣味と仕事の両方で使っているから、そんなものを会社が購入するのはおかしい。

おまけに会社で購入すると、管理に大変な手間がかかってしまう。だから、すべて自前主義である。その代わり、年に十数万円のパソコン購入補助金制度を設けている。セキュリティ上、会社のデータを持ち出されないよう、サーバへのアクセス権を制限するなどの措置を講じている。

事業分野に強い税理士に節税方法を考えてもらう

もう１つ忘れてならないキャッシュアウトは、税金である。

税金は、有無を言わせず持っていかれてしまう。決定した税額を減らすのは不可能だ。税金を減らすには、考え抜いた節税対策を取るしかない。とにかく法の範囲内で、できうる限りの節税方法を税理士に考えてもらうのがベストだ。

優秀な税理士を探すのは、税金を減らす第一歩である。わが社の場合は設立当初に入社して、現在は最高財務責任者（ＣＦＯ）を務めてもらっている宮内亮治にお願いしていた。彼は当時、税理士の仕事をしていて、ものすごく税務署にも強かったのである。期末になると彼に大量の領収書を渡し、すべての税務対策を行ってもらっていた。

わが社の場合、当時はまだ珍しかったウェブ制作やホスティングサーバなどの事業を行っていたため、通常の税理士に頼んでもなかなか事業について理解してもらうことが難しい。そこで、パソコン通信をやっている人たちのコミュニティに向けて、税理士を募集してみた。当時はまだメールも今のように一般化しておらず、モデムを使い、アクセスコードを打ち込んで接続するパソコン通信がメールの代わりだった。これをやっているだけでもある程度の基礎知識はあると踏んでの募集だったのだが、彼は自宅で複数のパソコンをつなぎ家庭内ＬＡＮまで構築するようなパソコンオタクだった。そしていずれは税理士の仕事もオンラインでできるようになる日がくると考えていた。このときの出会いがなければ、今のライブドアはなかっただろう。

どの税理士にも得手不得手がある。税理士に頼むのであれば、できる限り自分たちの事業に詳しい税理士を探そう。会社の業務内容が分かっていない税理士に、適切なアドバイスができるはずがない。

会社をどう広告宣伝するか

広告宣伝を打ちすぎて破たんした会社を買収する

会社のPRは、小さなカネをかけてちょこちょこっとやったとしても、何の効果もない。例えば雑誌を1ページ買い取って広告を打つと、数十万～100万円程度のカネがかかる。しかし単発で月刊誌に1ページの広告を打っても、ブランドイメージには何の効果もない。短期的な広告には意味がないと思った方がいい。

広告宣伝を行うのであれば、「マス」か「超ニッチ」のどちらかしかないだろう。マス——つまりテレビのコマーシャルなどの集中豪雨的なキャンペーンには莫大なカネがかかるから、小規模なベンチャー企業が手を出すべきではない。もしそれだけの資金力があるのなら、話は別だが。

また超ニッチについても、ニッチだからといってコストがかからないわけではない。超ニッチなメディアに対して、集中して広告を出さなければ効果は期待できない。いずれにせよ、非常にコストがかかり、しかもどの程度のリターンがあるのかはなかなか計りきれないのである。

わが社の場合は、もっと別の方法を取った。大量に広告費を投じてブランドイメージを上げていたが、ついには資金繰りが厳しくなって破たんしてしまった企業を安く買収し、そのブランドイメージをしっかり利用させてもらったのである。

それは、次のようなアクロバット的な方法だった。

わが社は設立当時、オン・ザ・エッヂという名前だった。その由来は、第1章でも書いた。できるだけインパクトがあって、人に覚えてもらえるような印象的な名前がいいと考え、「崖っぷち」といったネガティブな意味もあったオン・ザ・エッヂという社名にしたのである。そのマイナスイメージでインパクトを与え、でもその裏側に「エッジ（最先端）を走る」という気持ちを込めたのだ。

だがこの社名は、間違われることが多かった。「・」を抜かしたり、「エッヂ」を「エッジ」と書かれたり、ひんぱんに間違われた。それならいっそ、シンプルな方がいいだろうと考え、2003年4月、7年間使った「オン・ザ・エッヂ」という名前を捨てて、「エッジ株式会社」に社名変更したのである。

だが2004年2月になって、わが社は名前を再び変更し、「ライブドア」へと変わった。

理由は明快だった。知名度の問題である。

わが社もインターネット業界で7年半も生きていたから、老舗の部類に入り、おかげさまでオン・ザ・エッヂ、あるいは通称「エッジ」という社名はそこそこ知られるようになっていた。だが、これはあくまで業界内に限った話で、他業界や一般世間での知名度はまだまだ低かった。

一方、２００２年9月にわが社が買収した無料インターネットプロバイダの「ライブドア」は、もともと知名度がきわめて高かった。ある調査では、インターネットに接続したことのある人の約半数が、ライブドアという社名を知っているという結果が出たという。わが社が買収する前、約60億円もの莫大な広告費をかけ、テレビでＣＭを流したり、東京・青山のビルの壁面やお台場の大観覧車に巨大広告を打っていた。これだけのカネをかけて作り上げたブランドイメージを、利用しない手はない。わが社に営業譲渡されて会社は消滅したものの、ライブドアという社名が忘れ去られないうちに、もう一度プロモーションをすれば、名前の浸透もきっと早いだろう。そしてわが社の事業をすべてこのライブドアブランドに統一していけば、短期間にわが社のブランドイメージを世間に浸透させることができるのではないか——。

そう考えたのである。

芸能人が売れるために名前を変えるのと一緒

社名をライブドアに変えてから、何度もこう聞かれた。

「起業のときから慣れ親しんだ社名を変えるのに、抵抗はなかったんですか？」

あるいは、こんなことを言う人もいた。

「つぶれた会社の社名を使うなんて、縁起が悪い」

わが社では、売り上げの半分ぐらいは法人向け営業で成り立っている。こうした分野では、売り上げは社名よりも営業マン１人ひとりのスキルや努力で、製品やサービスを売っている。社名を変更した影響はほとんどない。

だが売り上げの残りの半分は、個人向けのサービスや製品である。こうした分野では、ブランドイメージは非常に重要だ。将来も効率的に広告宣伝を行っていくには、統一ブランドにした方がよいし、できるだけ多くの媒体に「ライブドア」という名前が掲載された方がいい。

実際、狙いは当たった。多くのユーザーがライブドアという印象深い社名を覚えており、わが社のブランドイメージの向上にずいぶんと役立ったのである。わが社はそれまで、ＰＲにはほとんどカネをかけていなかった。先に書いたように、ちまちまと広告宣伝費を投下するだけでは、ほとんど効果は期待できないからだ。

一方、旧ライブドアは約60億円もかけて広告宣伝を行っていた。わが社はこの会社を１億円足らずで買収している。そう考えれば、信じられないほど安い買い物だったといえるのではないだろうか。

起業時の社名なんて、もっともらしい理由は付けていても、しょせんはハッタリである。

それは芸能人が芸名を使うのと、同じようなものかもしれない。芸名を何度も変えている人は少なくないし、そもそもその芸能人が子供のころから慣れ親しんでいる本名を捨てて仕事をしているわけである。だったらなぜ、芸能人に対して、

「子供のころから慣れ親しんだ本名を変えて、抵抗はなかったんですか？」

と誰も聞かないのだろうか。理由は簡単だ。芸名の方が、「売れる」からである。

創業者だからといって、いろいろなことにこだわってばかりの経営をしていると、こんな単純な発想さえ浮かんでこない。

一見難しそうに見えて、実は単純な話ではないか。こうした簡単なことを見つけられるかどうかが、会社の失敗と成功の分かれ目になってしまうこともあるのだ。

第3章

会社を上場させる

増資する

売り上げに対して健全な資本金の割合は40％以上

会社の売り上げが増えてくると、バランスシートも膨らんでくる。売掛金や買掛金が増え、運転資金の銀行からの融資や資産の増加など、動くカネはどんどん大きくなっていく。そうなると、最初の資本金とのバランスが崩れてきてしまう。

例えば売り上げが数億円規模になってしまったのに、資本金が１０００万円のままというのは、非常にアンバランスだ。

財務諸表の貸借対照表（ＢＳ）の健全度を測る指標の１つとして、自己資本比率というのがある。自己資本と負債を足した「総資本」に対して、自己資本がどのくらいの割合になっているのかをパーセンテージで表した数字だ。この数字がどの程度になれば健全と言えるのかは、業種によって異なってくるから、一言では説明しにくい。一般的には、目標は40％以上、理想的な比率は70％とも言われている。少なくとも、数％というレベルに落ち込んでしまうと、その会社の財務基盤はかなり脆弱になってしまっているということは断言できる。

そういう状態になれば、会社はいつ吹っ飛んでしまってもおかしくない。外的要因として景気が悪くなったり、あるいは内的要因として勝負のできる商品が開発できず、だんだん自社商品の売り上げが落ちていったりすると、あっという間に会社は倒れてしまうのだ。風が吹いたら桶屋が儲かる……どころか、風が吹いて桶屋の屋根も吹っ飛んでしまった、という悲惨な結末になりかねない。

そのようなマイナスの要因が増えて、危機的状況に陥ったときでも、きちんと会社を存続させるには、まず第一に自己資本を充実させておくことが必要だ。

自己資本を増やすことを、増資という。増資にはいくつかの方法がある。

一般的には、株主割当増資や第三者割当増資などが知られている。

株主割当増資は、新株式を株主に割り当てるという方法で行われ、額面金額で発行する場合もあれば、株式が公開されている場合は時価と額面金額と中間価格で発行することもある。でも上場企業であればともかく、未公開の小さなベンチャー企業では、なかなか株主が増資に応じられないことが多い。株主がイコール社長になっている場合が多いからだ。実家に山林があるとか大変な資産を持っている金持ちならともかく、通常は自分の持っていた貯金を取り崩し、あるいは自宅を抵当に入れて借金し、会社を興す。実際、そんなふうにして起業した人は多いはずだ。そんな場合、自分が株主としてさらなる増資に応じるというのは、難しいのではないか。

第三者割当増資はもっと大変だ。

これはビジネスパートナーや取引先など、社外の関係者に新株式を与えるというものである。近い将来の上場が決まっていて、その会社の新株が莫大な利益をもたらしそうな場合や、よほど素晴らしい技術やビジネスプランを持っていて、将来が確実に有望だと判断してもらわなければ、第三者割当増資を引き受けてくれるところはなかなか見つからないだろう。

第三者割当増資には、もう1つの問題点もある。それは株主の構成が変わってしまうことだ。既存の株主に新株を引き受けてもらう株主割当増資と異なり、第三者割当増資は社外の人に株を渡す。下手に進めてしまうと、株主総会で社外の人の発言権が増し、社長の経営権が危うくなってしまう可能性も秘めている。

小さなベンチャー企業の場合、やはり社長がリーダーシップを持って会社をぐいぐい引っ張っていくことが、将来の成長のためには必要だ。それには、経営権を保持して、外部に渡さないようにしなければならない。

あるいは、社債という方法もある。だが一般的な公募債の場合、50人以上の不特定多数の一般投資家に向けて募集を行わなければならないから、未上場企業の場合はかなりハードルが高い。私募債といって、特定少数の投資家に買い取りを依頼できる社債もあるが、それも簡単ではない。

こうした増資の方法は、いずれも零細なベンチャー企業にはあまり向いていないように思える。

借入金を株に振り分けて増資する「デットエクイティスワップ」

私がお勧めするのは、デットエクイティスワップ（債務の株式化）だ。

デットエクイティスワップというのは文字通り、デット（借金）とエクイティ（株式）を交換するというものである。

例えば会社がスタートしたばかりで厳しい時代には、社長や役員に対して給料が全額払えないということが頻繁に起きる。そうなると、帳簿上は、会社が社長からカネを借りている「借入金」として処理されることになる。BS上は負債として計上されるのである。会社がある程度成長してくると、こうした借入金がある程度の額にまでたまってしまっていることが多い。

もしこの借入金を会社が社長に返済し、社長がそのカネで株を増資したとするとどうなるだろう。借入金はなくなり、代わりに資本が増えることになる。一石二鳥ではないか。

だったらここで実際のカネの移動は行わず、借入金と株の増資を「物々交換」してしまえば話は簡単である。そしてこれが、デットエクイティスワップと呼ばれている方法だ。

わが社も草創期、このデットエクイティスワップを使って増資した。

オン・ザ・エッヂは第1章に書いたように、資本金600万円でスタートした。

設立してから、ウェブ制作などで日銭ビジネスに邁進したこともあり、財務上はすぐに単月黒

図2

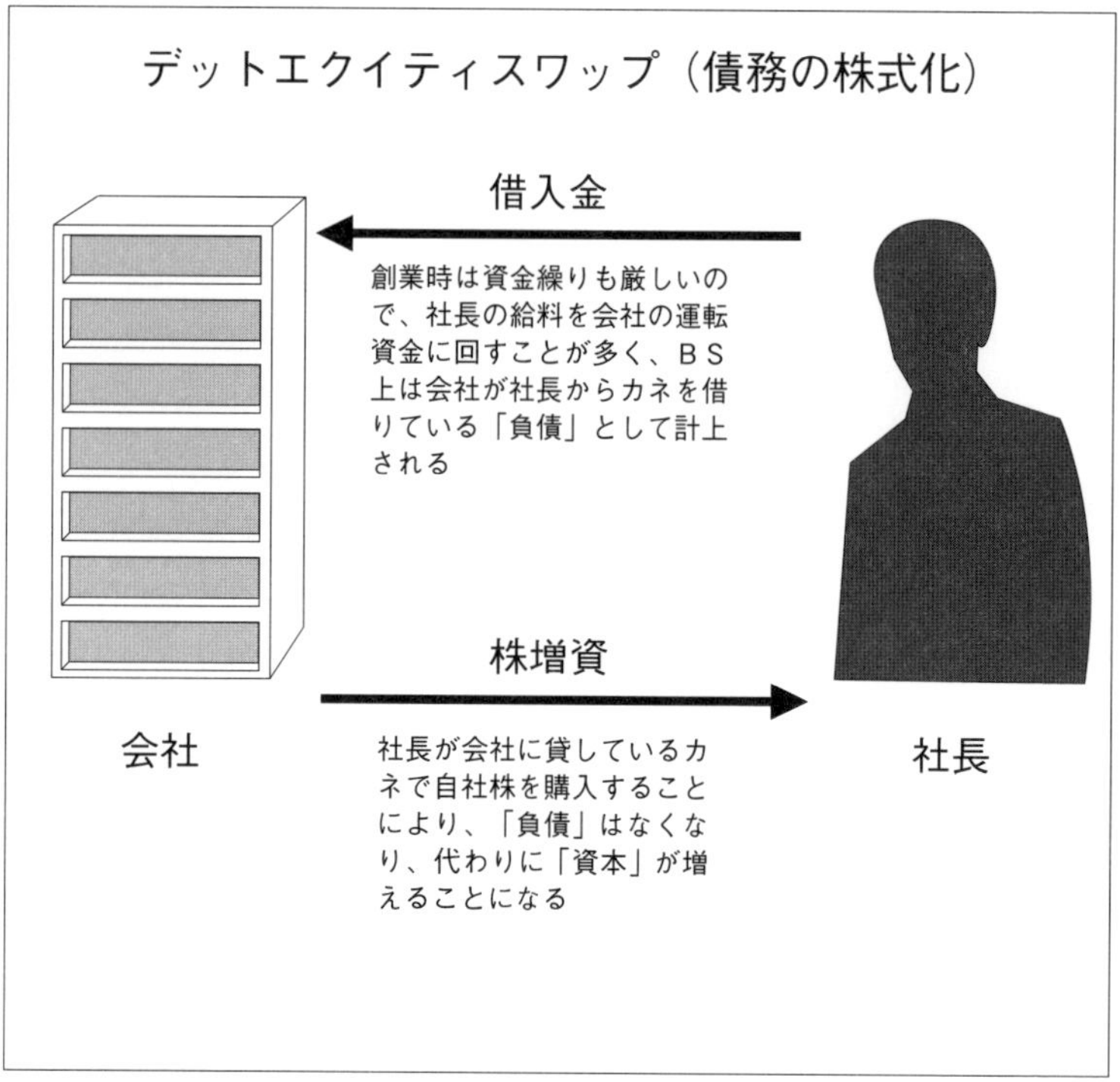
デットエクイティスワップ（債務の株式化）
借入金
創業時は資金繰りも厳しいので、社長の給料を会社の運転資金に回すことが多く、ＢＳ上は会社が社長からカネを借りている「負債」として計上される
株増資
会社
社長が会社に貸しているカネで自社株を購入することにより、「負債」はなくなり、代わりに「資本」が増えることになる
社長

字にすることができた。受注案件も順調に増えていき、初年度だけでも、売り上げは当初の事業計画をはるかに超えていた。そして会社設立から1年がたつと、年間1億円に達する売り上げ規模へと急成長していた。６００万円の資本金では、かなりアンバランスになっていたのである。

もちろんキャッシュフローは考えに考えて、かなりの金額のキャッシュインが上がるようになっていた。すでに内部留保は年商の半分近い、５０００万〜６０００万円にまで達していた。

一見、半年分の運転資金を擁して経営状態はかなり安定しているように見える。だが冷静に判断すれば、この状態はかなり危険だった。

調子が良く、仕事がどんどん入ってくる間はこれでも大丈夫だが、景気が悪くなったり、自社の商品が売れなくなってしまうなどして、いつ何時調子が悪くなるかは誰にも予想できない。もしそうなってしまうと、すぐに資金繰りは悪化する。もちろんキャッシュは持っているからすぐに倒産するわけではないが、資本金が少ないと、あっという間に債務超過になってしまう可能性がある。そうなると、銀行から融資を受けられなくなってしまうのである。あるいは債務超過になった会社とは、取引を停止するというルールを定めている企業もある。いずれにせよ、債務超過になったら最後、あとは坂道を転がり落ちるように経営状態が悪化してしまう可能性が高い。

どんな方法を取ってでも、債務超過は回避しなければならないのである。

そのためには増資して自己資本比率を高めることが必要だった。そこで起業から1年余たった

1997年8月、増資に踏み切ったのである。

このころ、節税の理由もあって私は月額100万円の報酬を会社から受け取っていることになっていた。もちろん帳簿上だけの数字で、実際にそれだけの金額を受け取っていたわけではない。年収は900万円程度だった。だから会社設立から1年あまりたつと、差し引き200万〜300万円ぐらいのカネが、私から会社への貸付金として帳簿に記載されるようになっていたのである。

私はまずこのカネを現物出資することにして、デットエクイティスワップで会社の資本金に振り替えた。そして足りない分は、例の父親にお願いして、株主割当増資の形でお金を出してもらった。それでようやく資本金を、600万円から1000万円に増やすことができたのである。

このときデットエクイティスワップを思いついたのは、私ではない。当時、まだ社外にいて顧問税理士を務めてもらっていた現CFOの宮内亮治が、

「堀江さん、ぜひデットエクイティスワップをやってみましょうよ」

と勧めてくれたのだ。この少し前、デットエクイティスワップによって負債を資本に組み込むというやり方が認められるようになり、新しもの好きの宮内は試してみたかったらしい。

いずれにせよこの方法で資本金は1000万円になり、そして株式会社の最低資本金をクリアすることができ、有限会社オン・ザ・エッヂから株式会社オン・ザ・エッヂへと変わったのであ

る。

増資すべき時期が再びやってきたのは、１９９９年夏のことだった。このときは株主割当増資を行い、出資者である創業メンバーの父親にも再度お願いして、資本金を４０００万円に増やした。

この時期、オン・ザ・エッヂは新規株式公開（ＩＰＯ）に向かって走り出そうとしていた。いよいよ念願である株式上場が、視野に入ってきたのである。上場企業を目指すのであれば、経営陣があまりに多くの自社株を保有していることは望ましくない。公開企業は市場で資金を調達し、不特定多数の人たちに株主になってもらう。公の存在になるということであり、経営陣が独占的に会社をわが物にしているという形は望ましくないからだ。この時期に４０００万円へと増資したのは、そんな理由からだった。

だが、わが社には予想もしていなかった事態が訪れた。会社が上場を目指すのかどうかをめぐって内紛が起こり、ついには分裂して一部の社員が会社を去ってしまったのである。

内紛を切り抜ける

上場に反対する創業メンバーたち

それは上場を切り出したときだった。創業期からいたメンバーの一部が上場に反対した。

「小さいままでいいじゃないか」

「どうしてそんなに無理してまで会社を大きくして、上場しなければならないの?」

というのである。

「堀江社長は昔と比べて人が変わっちゃったよな」

と言うメンバーもいた。確かに創業のころと比べ、私は3年間のうちに人間が変わってしまっていたかもしれない。でもそれは、社長として成長していたのだと思う。

以前、ある経済誌で読んだのだが、企業で創業時のメンバーが後に全員退職してしまうケースは全体の半分以上に達しているのだという。創業メンバーと社長は多くの場合、途中で話が合わなくなり、対立にいたってしまうようなのだ。どうしてそんなふうになってしまうのだろうか。

その理由は、明快だ。社長は営業を担当していることが多く、取引先やパートナーなど社外の人と会う機会が相対的に多くなる。一方で創業メンバーは、社長を補完する形で開発系や管理系の統括になることが多い。そうなると現場の社員と接する時間は社長よりもずっと多くなり、社長に対する不満を聞かされる機会が増えていく。だんだんと人間が中間管理職的に変化していき、社長と社員の板挟みになっていく。会社が成長すればするほど、社内の管理職に専念する傾向が強くなっていくから、視点はさらに内向きになっていく。最後は社員の側に立ち、社長と対立する一方の軸の中心人物になってしまう。

一方で社長は外部にどんどん出て行くから、ますます社内を見ている創業メンバーとのビジョンの差異は広がっていく。対立は決定的になっていく――。

会社を大きくしていくかどうかというのも、対立の大きな理由の1つになる。内向きの管理職を務めている創業メンバーは、古くからのスタッフたちと慣れ親しんでしまっているから、今さら波風が立つような形で新たな人材をどんどん入れていくことは望まない。

だが社長にとっては、「会社が小さい」というのは経営の大きな不安材料の1つとなっている。経営規模が小さければ、自己資本は小さく、内部留保も少ない。ちょっとした世間の景気の風向き次第で、いきなり経営危機に陥るかもしれない。小規模な会社だと、商品が売れなくなってしまったら、半年ももたない。社長にとっては、小さなままで会社を経営していくというのは、大変なプレッシャーなのである。会社を大きくするのは確かに大変だが、実はそれよりも、小さいままのプレッシャーに耐えていく方がずっと難しく、つらい。

おまけに社員が20～30人ぐらいの規模ともなると、社長の目が全体に行き渡らなくなる。数人で始めた創業時と比べ、不正などの悪さをする社員や、想像もできないくらいパフォーマンスの悪い仕事しかできない社員も現れてくる。きちんと目配りしなければいけないが、資金繰りや営業などほかにもやらなければならないことが山積みだから、見ている暇がない。この状況を打破するには、さらに会社の規模を大きくして、中間管理職としてマネージャーを置き、社員を管理させるしかないのである。

そうして、社長と創業メンバーの溝は徐々に深まっていく。社長が経営者としてさまざまな苦労を引き受け、あるいはさまざまな刺激を受けることによって、知らず知らずのうちに成長していくということもあるのかもしれない。経営者としての能力が上がり、話す言葉や内容も変わってくると、創業メンバーには理解できなくなってくる。そうなると、

「あいつは変わった」

「前と全然違うことを言うようになった」

と批判されるようになる。

上場話からわずか1カ月で社員が大量辞職

オン・ザ・エッヂでも、同じような形で対立は深まっていった。私が上場を目指すと宣言したとき、創業メンバーの多くは反対した。そして、対立はあと戻りできないまでに深まっていったのである。もはや断絶は修復不可能だった。

そうして、創業メンバーや一部のスタッフたちが、会社を去った。

「会社を上場させるなんてとんでもない」

「あとから入社した財務の人たちは、どうも気にくわない」

「そもそも私たちは、会社を大きくするつもりなんかなかったのに、堀江社長が勝手に突っ走った」

「創業時の堀江社長が好きだったから一緒に仕事を始めたのに、彼は人間が変わってしまった。もう一緒にやりたくない」

「お客さんたちと仲良く仕事をしていければそれでいいのに、どうしてそんな無理をしなければいけないの？」

辞めていったメンバーたちは、口々にそんな不満を口にした。

そうして彼らは、会社を去っていった。

当時の社員はわずか30人程度だった。その中から10人前後のメンバーが会社を離れたのだから、痛手は小さくなかった。

辞めたメンバーたちは、必ずしもはかり合って退職したわけではなかった。一部は新たな会社を設立する計画を水面下で進めていたし、あるいは後に合流する約束をしていた人もいたようだ。お家騒動に、嫌気がさして辞めた人もいた。

私が上場の話を切り出してから、大量辞職まで、わずか1カ月の間の騒動だった。

辞めていくという社員を、私はそれでも一生懸命引き留めた。だがまったくの無駄だった。いったん辞めると宣言したスタッフは、どんなことがあっても最終的には辞めていくものだということが、よく分かった。

つらかったけれど、途中からは私は「もういいや」という投げやりな気持ちにもなっていた。自分ではどうにもならなかったからだ。辞めていく社員たちに対しては、

「うちの会社でどうしても必要な人材ではなかったんだ」

と思うことにして、自分を慰めた。

創業メンバーの株を買い取り5億円の借金

だがカネの問題が残っていた。

その時点で、当初の創業メンバーの持ち分は、全株数の40%になっていた。これを買い取らなければならなかった。

当時、すでに第三者割当増資を行っており、40%の株の時価は5億円にも達していた。

5億円――。

当時の私にとっては、大変な大金だった。

冷静に計算すれば、彼らのこれまでの仕事に5億円の価値があったかどうかは少々疑問だった。もちろん創業時から一緒にやってきたメンバーなのだから、それなりの貢献はあった。でも5億円の価値はないようにも思えた。

だがここで変に小細工をしてごまかそうとすれば、いずれ問題が再び噴出してしまう可能性がある。別れ際は、カネが最も大切である。正々堂々ときちんとカネを払っておけば、後々問題になることは絶対にない。ここで仮にカネをケチって、時価ではなく以前の価格で買い取ろうとしたりすれば、禍根を残す。下手をすれば上場直前に訴訟を起こされてしまい、上場承認が取り消されるという事態にだってなりかねない。だが5億円をきちんと渡しておけば、仮に裁判を起こされたとしても絶対に負ける心配はない。

私は、何としてもここはきれいに別れなければならないと思った。

そこで無理をして、銀行から短期融資で5億円を借りた。もちろん個人としての借金である。返済は上場後という約束だった。上場が首尾よく行われれば、株価は跳ね上がる。私が保有している自社株も、巨額の資産へと変身してくれるはずである。そのあかつきに一部を処分して換金すれば、5億円は返せるはずだった。

その翌年、東証マザーズへの上場は成功したけれども、売るタイミングがなかなかなくて返済はすぐにはできず、銀行に一度は繰り延べしてもらった。でもその後きちんと返済し、借金はなくなっている。

もっとも今振り返れば、あれはかなり危ない借金だったかもしれない。あのころはネットバブルの最末期で、わが社が上場できたのはネットバブル崩壊の直前だった。もし仮に上場承認の時期が遅れ、ネットバブルが完全に崩壊したあとだったら、上場はできなかったかもしれない。上場できていたとしても、崩壊した株式市場の中で株価は期待していたようには上がらず、5億円の借金の返済は不可能だったかもしれないのだ。

綱渡りのような日々だったのである。

上場前のお家騒動で得た2つの教訓

この事件で、私は大きな教訓を得た。

まず第1に、社長と創業メンバーは一心同体ではない。一心同体どころか、いずれは必ず対立してしまう関係にある。社長と創業メンバーは別の存在だと考えて、きちんと切り分けて考えるべし。

そして第2に、社長は最悪でも自社株の半分を持っておくべし。何かあれば社長が責任のすべてをかぶってしまうことになるのだから、気合を入れて会社経営に当たらなければならない。仮にお家騒動が勃発しても、自社株の半分を押さえていれば、何とでもなる。私自身も、お家騒動が勃発した時点では筆頭株主になっていて、自社株のちょうど50%を持っていた。つまり会社の支配権を握っていたのである。もしあのとき半数を持っていなければ、会社を奪い取られ、追い出される可能性もあった。

ともかく、このお家騒動を私は何とか乗り切った。

大口出資者の株は私が買い取り、そして後に社内の主力メンバーたちに一部を譲渡した。同時に、上場に向けてベンチャーキャピタルを受け入れることにした。上場に向けて本格的に始動したのである。

一方、辞めていった創業メンバーたちは私が支払った5億円を元手に、別の会社を新たに興した。その会社は、今でも無事に続いているようである。

でも私から言わせてもらえば、

「あのとき我慢して残っていれば、ストックオプションで1人1億円は間違いなかったのに」

と思う。それを一時の怒りで捨ててしまったというのは、本当にもったいないではないか。

精神的ダメージに耐え切れず……

このお家騒動で、私が受けた精神的ダメージは小さくなかった。私は生まれながらに楽天的な性格なので、

「たぶん何とかなるさ」

と鷹揚に構えていたつもりだったのだが、やはり追い込まれていたのだろう。上場に向けての準備に追われ、その最中にお家騒動が噴出し、そして多額の借金を抱え……とジェットコースターのような日々が続き、かなりせっぱ詰まっていた。

そんなころである。私が後に妻となる女性と付き合うようになっていったのは。

付き合い出したのは、まだお家騒動が決定的になる前の1999年4月ごろだった。とある飲

み会で知人に紹介され、「仕事を探してる」という彼女に、

「じゃあうちに来たら？」

と誘ったのがきっかけだった。社員として入ってきた彼女と、疲れ切っていた私は、いつしか付き合うようになっていた。癒しを求めていたのだろう。すぐに子供ができてしまい、その年の暮れには籍を入れていた。いわゆる「できちゃった結婚」というヤツである。

一緒にいて癒される女性ではあったけれども、妻とはライフスタイルから考え方まで、正直なところ一致する部分はほとんどなかった。いい結婚生活ではなかった。結婚するまで、そんなことを考えもしなかった。逆に言えば、そういうことを冷静に考える暇もないほどに忙しく、追い詰められていたのかもしれない。

結婚してしばらくしてから、仲のいいベンチャー企業の若手経営者と会って飲んだとき、彼に、

「堀江さんは我慢できなかったんだね」

と言われた。彼の会社も同じような時期に上場し、上場前にはさまざまな苦労をしていた。

「上場前って本当に忙しくて飲みに行く暇もないし、つい近場の女性に手を出しちゃうよね」

と言う。その彼だって、忙しい時期にはアルバイトの女の子に手を出して、一時付き合っていたことがある。でも結婚は思いとどまった。

「堀江さんも我慢すればよかったのに、それができなかったんだよ」

さんざんに言われてしまったのである。

結局結婚生活はうまくいかず、2年ほどで別れた。息子はすでに4歳になる。もう私の顔も覚えていないかもしれない。それほどまでにこの2年間は忙しく、目の回るような日々だったのだ。

今はもう、結婚は考えていない。結婚することに何のメリットも感じていないからだ。一人暮らしは気ままで楽しいし、寂しければ今付き合っている彼女を呼んで、一緒に過ごせばいい。そんな生活に、何の不満もない。当分の間結婚することはないだろう。

ドライな家庭環境と飽くなき願望が今の自分を創る

私がそんなふうに思うのは、ひょっとしたら生まれ育った家庭に問題があったのかな、とも思う。もし温かい家庭に育っていれば、もっと違う生活を志したのかもしれない。でも「温かい家庭」というものがどんなものなのか、まったく知らないままに私は子供時代を送った。

私の出身は福岡県八女市である。父も母も会社員という共働きの家庭だった。私はその両親の一人息子として育った。父親は夜遅くにならなければ帰宅せず、触れ合った記憶はほとんどない。野球とゴルフ以外興味がなく、一緒に旅行に行ったこともなかった。子供のころ、夏休みと冬休みは祖父母の家に預けられていたから、そっちの家の記憶の方がずっと懐かしく思い出されるほどだ。

テレビの野球中継で巨人が負けたりすると、父親からは理不尽に叱られた。覚えているとすれば、そんな程度である。両親の関係も、仲がよいのか悪いのか分からないほど希薄なように見えた。母は農家の出身で、お見合いで父のもとに嫁いできた。結婚したのは20歳のときだったという。父を愛するとか憎むとか、そんな強い感情は持ったこともなく、「夫がいて子供がいて、人生はこんなものだろう」と半ばあきらめの境地の中で生きてきた人だったと思う。

そんな希薄さは、息子である私との関係にも影響を与えていると思う。関係が途絶しているわけではないのだけれど、親とは激しいケンカをした経験も、逆にしんみりと話し込んだこともなく、ただひたすらドライなだけだった。今もそうした関係は変わらない。

そんな子供時代を送り、そして九州を出て上京し、東京大学に入学した。私はそうやって人生を一歩一歩たどっていく中で、ずっと、

「自分のやりたいことをとにかく実現したい。そのためにはカネがいる」

と思ってきた。やりたいことというのは、普通の人から見ればどれも夢物語のようなものだ。火星に行ってみたいとか、生命の神秘を知りたいとか、あるいは考古学によって歴史の謎を解き明かしたいとか。もっと即物的な夢もあった。フェラーリを購入したいとか、大きな家に住みたいとか、そういうものである。夢や欲望や、さまざまな願望がうずまいて、そして起業を志したの

である。

そうした願望は、今も変わらない。人よりは多くのカネを持てるようになって、フェラーリは購入したし、広い高層マンションに住んでいるが、宇宙旅行はまだ実現できていない。いずれ必ず、そうした夢を現実に変えてみたいと思っている。

ベンチャーキャピタルと付き合う

ベンチャーキャピタルのメリットはなかった

余談が長くなってしまった。会社の上場に話を戻そう。

上場に向けて会社をいっそう大きくするために、わが社は1999年にベンチャーキャピタル（VC）からの出資を受けることになった。

でも今考えれば、VCを入れる必要はなかったかもしれない。当時の私は、

「カネが入ってくるんだから、別に悪いことじゃないよな」

とあまり計算をせずに、そう考えた。そして事業会社を含めて2社からの出資を受けた。第三者割り当て増資の形で、総計6億円程度だったと思う。VCの持ち株比率は、約15％になった。

出資を受ける際、VCの担当者は、

「営業を手伝いますよ」

などといろんなことを言っていた。だが蓋を開けてみれば、最初に約束してくれたようなことは実際には何もしてくれなかった。

結局、私を含めた既存株主の持ち株比率がただ薄まっただけ、と言えるかもしれない。今考えても、何のメリットがあったのかはよく分からない。

ＶＣのウェブサイトの説明や担当者のセールストークを聞くと、ベンチャー企業に対してさまざまな支援をしてくれるというのが大きなメリットとして語られている。だが現実には、起業家の側が期待しているほどの支援は受けられないというのが実態のようだ。

もちろんＶＣはファイナンス（財務）の専門家ではあるので、ファイナンスに弱い企業に対してその分野の相談に乗ってくれるというケースはあると思う。小規模なベンチャー企業の場合、ファイナンスの専門家までは抱えていないケースが多いだろうから、そうした企業にとっては若干のメリットはあるだろう。

だがわが社の場合、ファイナンス部門は自社の中に用意していた。この本の中で何度も登場している元顧問税理士、現ライブドア取締役最高財務責任者（ＣＦＯ）の宮内亮治が率いているチームがそうである。第４章で登場してもらうＮさんも、彼のチームの一員だ。

だからわが社にとっては、ＶＣを使ったメリットは結局ほとんどなかった。

もちろん、カネが入ってくるというのは決して悪いことではない。だが経営が黒字になっていれば、銀行から融資を受けることもできる。だったら運転資金は、むしろ借り入れでしのいだ方がいい。

研究開発型の技術系ベンチャーであれば、日銭ビジネスが行えず、資金繰りが苦しい場合もある。そうした企業は銀行からの融資は受けにくいから、VCを入れるという選択肢はもちろんあり得る話だ。

だがVCから出資をしてもらえば、会社がさらに成長していったとき、リターンの一部がVCにさらわれてしまうことになる。当然、経営者である自分が受け取れるリターンは相対的に小さくなる。大きなリターンを期待したいのであれば、VCとの付き合いは控えた方が賢明だ。

VCと付き合うなら小規模な会社がいい

アドバイスをもう1つ言っておこう。

もしVCと付き合うのであれば、できれば小規模な会社をお勧めする。社長や役員クラスが直接担当してくれる可能性が高いからだ。VCの社長であれば当然ファイナンスにはものすごく詳しく、VCビジネスに関するスキルも高い。当たり前だがすべての決定権を持っているので、交渉の際の決断も速い。後に増資するときも、すぐに対応してくれる。

一方、大手VCの場合、直接やり取りするのは担当者レベルになってしまう。どこか別の業界から流れてきた若手だったりすると、最悪だ。日本ではまだVC業界が成熟しておらず、優秀な人材も比較的少ない。スキルは低く、交渉でも「じゃあいったん会社に持ち帰りますから」などと言って、すぐに決裁が下りない。ヘタをすると、さんざん口約束でベンチャー側をぬか喜びさせた揚げ句に、「決裁が下りませんでした」とケツをまくられてしまう可能性だってある。

だからもしVCを受け入れるのであれば、できるだけ小さいところがいい。数人程度のスタッフで運営しているようなところがお勧めである。

証券会社と付き合う

大手2社の証券会社に見た、自社利益優先の姿勢

新規株式公開（ＩＰＯ）には、証券会社が欠かせない。上場の際に新たに発行する株式を引き受けて、投資家に販売してくれるのは証券会社である。その引受業務をする証券会社を幹事証券といい、複数の証券会社が幹事となる。その中で中心的役割を果たす会社を「主幹事証券」といい、上場の準備から実施までさまざまな役割を果たすことになる。

具体的には、公開スケジュールの立案や会社の資本政策に対するアドバイス、上場申請書類作成の手伝い、証券取引所の上場審査の事前指導などの準備作業がある。そして何より、主幹事証券は公開価格の決定という重要な役割を担っている。

公開価格の決定には通常、ブックビルディングという方式が採用されている。これは上場する会社を取り巻いているさまざまな状況を勘案して、仮条件という株価を決定し、その条件を提示して需要申告期間（ブックビルディング期間）に投資家の需要を調査してどのくらいの株が購入されそうかという需要を計算し、そのデータをもとに公開価格を決めるという方法である。この

ブックビルディングの需要予測をどううまく行うかが、主幹事証券の見せどころであるといっていい。

証券会社との付き合いも、VCと同じように注意してかからなければならない。

わが社の証券会社選びは、正直に言えば失敗だった。

失敗の原因は、

「大手証券の方がいいだろう」

と短絡的に判断してしまったからである。そして大手証券の一角に入る有名証券会社P社と契約してしまった。

実はそれ以前に、別の大手M証券と契約一歩手前までいっていたのである。ところがM証券は、

「1年後に御社をジャスダックでIPOに持っていきたい」

という意向を崩さず、なるべく早期に東証マザーズでの上場を狙っていたわが社と折り合いがつかなかったのだ。それでP社と契約することになったのである。

だがP社とは上場前の準備から上場後のアフターサポートにいたるまで、さまざまな局面でもめにもめた。最初にトラブルとなったのは、公開価格を決める際のことだった。

ブックビルディングは、大口の機関投資家たちの意見を参考にして、証券会社が仮条件という株価を提示。これをもとに投資家たちが希望株価における希望購入株数を証券会社を通じて申告、

その申告結果などから市場動向に合った発行価格を決定するという方式である。

投資家の申告はあくまで参考であって、最終的には価格は証券会社が決めることになる。それには明確な基準はなく、かなり恣意的に「これぐらいでしょう」というところで決まってしまうのだ。ＩＰＯの場合は当たり前だが、株式が市場で売買されていないので、時価というものが存在していないし、おまけに平均株価などその時々の状況に応じて、適正な発行価格というのはどんどん変わっていく。

わが社がＩＰＯを行おうとしていたのは、ちょうど光通信の携帯電話寝かせ問題などが発覚し、ネットバブルが崩壊する直前の時期だった。株価は全体に下がりつつあり、どの程度の発行価格にするのかはかなり難しかった。

そんな背景もあったから、Ｐ証券との間では公開価格決定をめぐって土壇場まで争った。われわれの方は同業他社の現株価と比較して、「これぐらいだろう」と適正な価格を求めたが、Ｐ証券の方はさらに引き下げを強く求めてきた。

Ｐ証券はわが社のＩＰＯを引き受ける主幹事証券だった。主幹事証券はリスクヘッジのため、幹事団を作って証券会社数社でＩＰＯを行う会社の株を販売する。その際、主幹事証券はいったん自社ですべて引き受け、そのあと幹事団各社に販売する形となるので、売れ残りを避けるためになるべく安く設定しようと考えるのである。

わが社でＩＰＯを担当していたのはＣＦＯの宮内だったが、彼は当時、顔を真っ赤にしてはＰ証券の公開引受部長と大げんかを繰り返していた。

証券会社も大手より小さな方がいい

しかし最もひどかったのは、上場後の対応だった。

株式が上場されたあとは、公開した自社株をいかに多くの投資家たちに買ってもらえるかどうかが重要な問題となる。株価をなるべく上げていく努力が、ＩＰＯした企業自身だけでなく、主幹事証券としてＩＰＯをサポートした証券会社の側にも求められる。通常は証券会社の専属アナリストが上場している各社の状況や株価を事細かに見て、

「この会社の株は買いである」

「今は売った方がいい」

といったレポートを出してくれる。こうした部分の熱意がどの程度あるかによって、株価は大きく変わってくる。こうしたアナリストのレポートに取り上げられれば、株価が上がる可能性は大きいし、逆にまったく取り上げられなければ、注目を集めないから、株価も停滞してしまう。

Ｐ証券は、このあたりのサポートは非常に不十分だった。

そんな不満もあって、上場後にＰ証券との取引を解消し、最初に話のあったＭ証券に乗り換えた。だがＭ証券と付き合って分かったのは、この会社の担当者は、

「自分のことしか考えていない」

ということだった。担当した会社と一緒に自分も成長していこうなんてことは、これっぽっちも考えていなかった。担当者は、目前の利益を上げることにしか興味がなかったのである。そんなことに落胆し、その後再び証券会社を乗り換えて、現在は外資系証券と取引している。

さすがに外資系の証券会社は非常にアグレッシブだった。大きなリターンを得るために、多少のリスクをも顧みないという姿勢が貫かれており、Ｐ社のように中途半端に逃げ腰になることもない。今は日本株の半数近くを外国人投資家が買っている時代で、そのような状況の中ではワールドワイドな販売力を持っている外資系証券のパワーは非常に心強い。ここにきて、ようやくまともな証券会社と出合ったような気持ちだった。

外資系もいいが、もしこれからＩＰＯを狙うのであれば、ベンチャー・キャピタルと同様に、小規模な証券会社を選ぶのがベストの方法かもしれない。私自身、

「もっと小さな会社を選べばよかった」

と今でも後悔している。大手証券会社の社員は顧客のことを考えているふりをしながら、実のところ自分のことしか考えていない者が多い。そういう体質なのだ。金持ちの大口客を優遇して、

小口の個人客からむしり取るという悪弊は、昔からあまり変わっていない。

小さい証券会社は、そんな姿勢ではとうてい信用が得られず、やっていけない。もっと真摯に顧客と向き合わざるを得ない。熱意があるし、まじめに顧客のことを考えてくれる。選ぶのなら、小さな証券会社である。

上場の書類を準備する

会社の時価総額を算出してみる

話を戻そう。

株式上場とは、いったいどのような意味を持つのだろうか。

会社の所有者は株主であり、上場していない未公開企業の株主は経営者やその家族、社員など、いわゆる「身内」になっていることが多い。上場は株主に身内以外に、不特定多数の投資家を入れることである。

その最大の目的はもちろん、資金の調達だ。自分や家族では絶対に調達できないような大きなお金を、一般投資家から広く集める。それが目的なのである。

では、いくら調達するのか。そしてその金額を調達するためには、どう計算すればいいのか。まず上場のときには、その計算を事前に行っておかなければならない。

わが社が上場へと歩み出そうとしていた１９９９年当時、ヤフーやクレイフィッシュ、インターネット総合研究所（ＩＲＩ）などさまざまなネットベンチャー企業が上場し、巨額の資金調達を行っていた。ネットバブルの最中で、上場した企業の株価もかなり高騰していた。

そうした状況を見ながら、仮にオン・ザ・エッヂが上場すれば、どのくらいの時価総額になるだろう？　ということをまず考えた。同じくらいの規模と業種の企業の株価を見れば、その総額はある程度は試算できる。そして実際に計算してみて、たぶんわが社は、

「５００億～６００億円程度の価値があるのではないだろうか」

という想定になった。当時、新たな事業計画をスタートさせようとしていて、当面50億円の資金が必要だった。だったら推定される時価総額約５００億円のうち、10％を売れば50億円を得られることになる。それで10％程度の株を放出する形で新規株式公開（ＩＰＯ）を進めることにしたのである。

上場のもう１つのメリットとして、会社の格や知名度が上がるということもある。上場すれば、新聞の株価欄に毎日社名が表示されるし、世間の評価も高くなる。銀行などからも融資を受けやすくなる。知名度が低く、吹けば飛ぶような存在だったベンチャー企業にとっては、上場というのは会社の名前を一気に有名にして、信用度も高めることができるエポックメーキングな出来事なのである。

小さい会社でも証券会社が関心を持てば上場できる

上場には形式的な基準があって、その基準を満たしていれば、どんな会社でも上場できることになっている。でも当たり前の話だが、実際にはその基準だけで上場が決まるわけではない。上場できるかどうかは、証券会社が乗ってきてくれるかどうかが大きい。もし上場基準を満たしていても、将来性のなさそうな会社には証券会社は食いついてこない。そんな会社は仮に公開したとしても、株価がつかない可能性が大きいからだ。株を買うというのは、その会社の将来性を買うようなもので、将来性がどの程度あるかが大きな判断基準になる。だから例えば、現在は会社の規模が小さく、売り上げが少なくとも、業種がバイオテクノロジーやゲノム関係だったりすると、証券会社が急に関心を示してくれたりする。将来性が大きいからである。

そして過去を振り返ってみると１９９０年代後半、

「将来はインターネット関連のビジネスは絶対成長するだろう」

と証券会社が考え、まだ利益の全然上がっていないようなネットベンチャーを次々と上場させた。これが結果としてネットバブルになり、その後崩壊して大変な事態になってしまったのである。

いずれにせよ、将来上場できる企業をつくっていくことを考えるのなら、その業種や分野が成長株で将来性があるかどうかをきちんと考えた方がいい。いくら現在利益が上がっていても、将来性のなさそうな業種には、証券会社は関心を示してくれない。

わが社の場合、当時まだ外部の顧問税理士だった現ＣＦＯの宮内が、

「堀江さん、上場してみましょうよ」

とある日突然言い出したのが、直接の引き金となった。彼はヤフーなどのネットベンチャーが上場するのを見て、当時まだ小さかったオン・ザ・エッヂでも、

「売り上げ規模ではさほど変わらないし、うちでも上場は可能なのでは」

と計算したというのである。それで宮内の知人を紹介してもらい、証券会社に会いに行った。証券会社の側は当時、ちょうどネットバブルの最中だったこともあって、

「これからはネット企業の全盛になる」

と判断して、わが社の依頼にずばっと乗ってきたのである。

一般的に、ベンチャーキャピタル（ＶＣ）から出資を受け入れているような場合は、ＶＣが「上場しよう」と持ちかけてくるケースが多い。彼らは出資先を上場させることで、その上場益で儲けるというのを最大の収益モデルにしているからだ。そうした場合はＶＣが人脈のある証券会社に、

「いい会社があってうちが投資するつもりだから、上場させないか」

と持ちかけることになる。

厚さ2センチの事業計画書に死ぬ

上場へ向けた準備が始まると、書類の準備などで社長をはじめとする担当者は、殺人的な忙しさに追い込まれることになる。わが社の場合、１９９９年4月ごろに上場の話が浮上し、同年10月に正式に準備をスタートさせた。最初は宮内が1人で進め、事業計画書の草案作りなどから始めていたが、早急に人手が必要になり、12月になってNさんなど2人に新たに入社してもらった。そのあたりの経緯は、第4章のNさんの話に詳しいので、読んでいただきたい。

担当の3人は12月から翌年1月までの間、ほとんど休みなしで働いた。土日もほぼ全日、出勤していたのである。平日は出勤こそ午前9時~10時ごろと遅めだったが、帰宅は連日午前2時、3時。激務だった。

さらに当時は、前に書いたように内紛があってスタッフが激減しており、残ったスタッフたちの間にも動揺が広がっていた。おまけにスタッフの大半は20歳代で、宮内やNさんら財務の専門家を除くと、上場がどのような意味を持っていて、何が必要になるのかを理解している社員など、ほとんどいなかった。そんな中で、試行錯誤を繰り返しながら膨大な数の上場申請資料を作成していったのである。

最初に大変だったのは、事業計画書だった（巻末付録資料①）。この本の冒頭で、有限会社オン・ザ・エッヂを設立したときの事業計画案を紹介したが、上場の際にはこんな素朴で適当なものでは許されない。ビジネスの仕組みからサービスの内容まで、事細かに説明しなければならない。おまけに当時はネット企業の上場はまだ前例が少なく、事業計画書をどう書けばいいのかという手本もあまり存在していなかった。例えばウェブ制作という事業1つを取っても、はたして「ウェブ」や「インターネット」についてどの程度詳しく説明する必要があるのか、どの程度の説明で投資家が理解してくれるのかが、さっぱり分からなかったのである。

当時、わが社ではインターネットオークションも提供していた。そうなると一般的なオークションの説明から始まって、ネットオークション固有の仕組みなど、かなり書き込んで説明しなければならなかった。おまけに証券会社からは、

「事業計画書はある程度のボリューム（分量）があった方がいい」

とアドバイスされ、図解を多数入れるなどして苦労した。最終的にはA4の紙で印刷して、なんと2センチもの厚さになってしまったのである。

これほどの厚さになってしまったのは、証券会社の側がスタートしたばかりの東証マザーズに慣れていなかったこともあった。東証1部、2部などでは事業の内容を示す書類として「上場申請のための有価証券報告書　Ⅱの部」という書類を提出しなければならないが、東証マザーズではこれが省略され、代わりに事業計画書を提出すればよいということになっていた。ガイドライ

ンがなかったため、証券会社の側もどこまで詳しくすればいいのか分からず、わが社に「できるだけ分厚く」と押しつけてきたのである。

おかげで作業量は膨大になり、宮内以下の担当者は死にそうになった。

リスクをひねり出す「上場申請のための有価証券届出書　Ⅰの部」

しかし最も作成が大変だったのは、「上場申請のための有価証券届出書　Ⅰの部」だった（巻末付録資料②）。

この書類は簡単に言えば、財務諸表の内容を中心にまとめたもので、会社の決算書の内容を投資家に分かりやすく説明するためのものだ。特に面倒なのは「特別記載事項」という項目で、その会社のリスクをすべて吐き出して羅列しなければならない。例えば、

「インターネットがこの世から消滅すれば、売り上げがなくなります」

「社長が死んだら、大きな悪影響を呼び起こす可能性があります」

といったことを、大まじめに書かなければならないのである。

つまりすべてのリスクを説明し、

「それでもわが社の株を買いますか？」

と呼びかける、というわけだ。この書類の作成に、ものすごい時間を費やした。

「インターネットがもし法的に利用できなくなったら」

とか、普段なら考えもしないようなことを頭をひねって絞り出さなければならないのである。それはそれは大変だった。

当時は、東証マザーズでも2社ほどが上場していたから、これらの公開企業が作成した資料を多少はまねてみたりした。だがそれだけでは足りず、最終的にはアメリカのナスダック公開企業が作成した書類を見たりして、四苦八苦しながら作成したのである。ガイドラインは一応はあったが、あまりに漠然としたことしか記載されておらず、実際の作成には役立たなかった。証券会社の側も、どの程度まで書き込めばいいのかというノウハウをあまり持っていなかったから、結局、5回ぐらい書き直す結果となった。そのたびに新たな問題設定が必要なのではないかという指摘が入り、例えば、

「東証マザーズは設立後間もない新興市場なので、投資が集まらない可能性があります」

といった項目を加えるなどした。

すべてに証明書が必要な「規程集」

規程集は、別の意味で大変だった（巻末付録資料③）。

これは会社の規程がきちんと運用されているかどうかを証明する書類である。上場会社として正しくコンプライアンス（法令遵守）が保たれているかどうかを判断するためのものだ。就業規則や取締役会規則など数十に上る社内の規程と、それが現実に運用されているのかどうかを証明する書類を提出しなければならない。

例えばタイムカード1つを取ってみても、これまで会社の玄関にタイムレコーダーをぽんと置いておき、そこで時間を刻印したカードを、月末に人事や経理で処理していただけだったとしよう。上場するとなると、まずタイムカードの刻印をどう行うかというマニュアルを作り、さらにタイムカードが実際に打たれていたか、その刻印がどのように人事や経理に利用されたのかということを証明する書類を作成しなければならない。担当者の作業は膨大になる。

特にわが社の場合、それまで社内の明文化されたルールなどほとんどなく、全員がカジュアルウエアを着て大学のサークルに出席するような雰囲気で仕事をしていた。そんなところにガチガチのマニュアルを持ち込み、記録を残そうというのだから、社内は大混乱に陥った。だいたい就業規則自体、あってないようなものだったのである。

取引先の会社への仕事の発注でも同様だった。それまでは電子メール1本で、

「お仕事をお願いしまーす」

と気楽にお願いしていたのが、取引開始の際にまず相手企業の法人登記簿謄本を送ってもらわなければならなくなった。そして発注の際もまず見積もりを取ってから発注書を送り、それから検収書を発行し、そして請求書を書いてもらって……と膨大な作業が必要になったのである。とてもではないが、大企業での勤務経験などまったくなかったようなわが社の若手社員たちには、受け入れられないスタイルだったようだ。この作業を中心になって進めていた宮内たちにもとばっちりがやってきて、

「新しく入った財務の人たちは気にくわない」

と言い出す者まで現れた。

上場に向けては、こうした軋轢まで生じていたのである。

このまま放置していては、規程集など作れず、上場はいつまでたっても近づかない。私は強権を発動して、

「宮内の進めている通りにやれ」

と皆に命じた。それで不満はようやく収まっていったが、それでも全員がマニュアル通りに動けるようになるまでには、かなりの時間がかかった。

こうした膨大な書類をわれわれが作成し、証券会社に提出すると、担当者からは頻繁にダメ出しされた。

「ここの文章は、もっとボリュームを出してほしい」

「ここは不要だと思う」

などの赤字がいっぱい入って、戻ってきてしまうのである。そのうち前に削られたはずの部分について、

「やっぱり復活させた方がいいかも」

などと迷いまくった返事がきたりしたこともあった。それでわれわれも対抗し、作成した書類をバージョン管理して、自在に元に戻せるようにした。

書類がすべて問題なしとなり、ようやく東京証券取引所（東証）への申請にまでたどり着いたのは、２０００年１月17日のことだった。

ついに上場へ

「2000年4月6日」

上場申請にあたり、東証は2回にわたってわが社のヒヤリングを行った。質問は、かなり深いところにまで突っ込んでくる。前に書いたように、わが社では上場のしばらく前に大変な内紛が起こり、創業メンバーの役員ら10人前後が退社していた。もちろんそのことは、「上場申請のための有価証券報告書　Ｉの部」の特別記載事項にリスクの1つとして記載しており、退任の理由として「方向性の違いがあったため」と書いていた。これについて、東証の担当者は、

「本当ですか？」

と質問したのである。上場企業として許されないようなことをしているのではないか、と心配したようだった。それで私は、

「実はけんかしてしまったんです」

と、当時の経緯を事細かに説明した。担当者は再度聞き返した。

「上場してから、風説の流布なんかをされたりする心配はないですか？」

私は、

「大丈夫です。私が話をつけました」

と答え、5億円という時価で株を買い取ったことなどを説明した。

質問は、この程度だった。申請した書類については言葉遣いの細かなチェックが行われただけで、事実上素通りといってもいいほどだったのである。東証マザーズはそのころ、成長途上のベンチャー企業を上場させることを第一義としていた。そのために審査をかなり甘くしていたのかもしれない。現在は審査はかなり厳しくなっており、状況は当時と異なっているようだ。

3月初旬、ようやく承認が下り、翌日に新聞発表が行われた。そのときに日本経済新聞に載ったのは、わずかこれだけの短い記事だ。

東京証券取引所は8日、オン・ザ・エッヂのマザーズへの上場を承認すると発表した。
オン・ザ・エッヂ　事業内容＝インターネット技術によるウェブページ、各種システムの制作・運営▽本社＝東京都渋谷区▽社長＝堀江貴文氏▽資本金＝六億円▽上場予定日＝四月六日▽公募＝1000株▽申し込み＝3月29～31日▽払い込み＝4月5日▽主幹事＝P証券会社（日経新聞2000年3月9日付朝刊）

ネットバブル崩壊のあおりを受け、初値はつかず

ブックビルディングの結果、公募価格は600万円に決まった。このときの証券会社との攻防は、先に書いた通りである。

だが結果的には、ネットバブル崩壊のあおりを受けて4月6日の上場初日、初値はつかないまま公募価格を25％下回る450万円の売り気配で引ける結果となった。タイミングが悪かったのかもしれないが、その後さらにネット関連株が暴落していったのを考えれば、ぎりぎりのタイミングではあった。結果的にこの上場で、当初の予想を若干は下回ったものの、数十億円の資金を調達することに成功したからだ。

長い産みの苦しみの末に、ようやく晴れてオン・ザ・エッヂは上場企業となったのだ。

しかしこの後も、上場の喜びをかみしめる暇もなく業務はどんどん忙しくなっていった。私個人としては、

「大金持ちになった」

という実感はほとんどなかったと言っていい。そんなことを考える時間もなかったのだ。ただ上

場の直前、出資者から買い取っていた株代金の５億円を無事に銀行に返済したときは、たとえようもなくほっとしたのは事実である。

第4章 みんなで幸せになる

勝ち馬に乗る

ベンチャー社員として大金持ちになる！

会社を興し、成長軌道に乗せて、そして晴れの株式上場の日を迎える——。倒産の不安に駆られながら、必死で会社を支えてきた起業家にとっては、本当に晴れがましい気持ちになる。上場すれば、自分が保有している自社株の株価も一気に跳ね上がるから、総資産も莫大な金額になる。

「社長をやっていて、本当に良かった」

という喜びがじわじわとこみ上げてくる。

でも、株式上場や会社の成長で幸せになれるのは、社長だけではない。会社の役員や従業員、ビジネスパートナー、協力者——。その会社のビジネスに携わったさまざまな人たちが、一緒に成長して一緒にお金を稼ぐことができるようになるのである。

世の中の人すべてが、社長に向いているわけではない。

この本の最初の方で、起業に向いている適性という話を書いたのを覚えていらっしゃるだろうか。周りの同僚や上司、部下たちを見渡してみて、もし自分よりも優秀な人が、全体の半分以上もいるように思えるのだったら、起業はあきらめた方がいい――そう書いたのである。

もしあなたがその範囲に当てはまるからといって、しかし絶望することはない。一生の間を１人の勤め人として過ごす人生だって、存分に会社の果実を味わうことはできる。

その方法は、ただ１つ。

今は小さくとも、いずれ大きな飛躍を遂げそうなベンチャー企業を自らの目で選び取り、そこに仕事を求めればいいのだ。

リスクを恐れて安定した大企業に勤めるのであれば、リターンも少ない。リスクを自分で引き受けて、ひょっとしたら明日には倒産しているかもしれないベンチャー企業に身を投じ、そんな中で頑張っていくからこそ、やがてストックオプションなどによって大きなリターンを受け取ることができるのである。

この章では、そんなふうにして大きなカネや、ベンチャー社員としての充実した生活を自らの手にしたライブドアの人たちを、実際に紹介してみたい。きっと、

「そんな簡単なことで大金持ちになれるんだ！」

と驚かれるであろう。

まず最初に登場してくれるのは、M&Aや投資ビジネスなど、ライブドアのファイナンス部門で重責を果たしてくれているNさんの話である。

case 1

会社の命運を握っているというやりがいで激務をこなすストックオプションで1億円は正当な仕事の対価

ライブドアファイナンス取締役　Nさん（36歳）

◆漠然とした不安の中の1本の電話

私がライブドアに入ったのは、本当に偶然というか、今思えば巡り合わせとしかいえない出来事でした。

私は1991年に中央大学商学部を卒業し、就職はしないまま公認会計士を目指して勉強を続けていました。でも難関で知られる試験は難しく、合格のメドはなかなかつきません。かといって、ほかに自分のやりたいことも見つからず、まるでフリーターのような生活を送っていました。このままじゃいけない、何とかここから抜け出さなければと思う日々でした。でも、自分が本当に何をすればいいのかは見つからない。今思えば、それはある種のモラトリアムだったのでしょう。このころに勉強した会計の知識が、後にオン・ザ・エッヂに入ってから役立つとは、当時は夢にも思いませんでした。

20代も終わりに近くなり、あるマーケティングの仕事に就きました。社員数15名程度の小さな会社でした。この会社は、社長の商才によっているところが多く、非常にこぢんまりとまとまった良い会社ではありましたが、会社の成長性・将来性には漠然と不安を感じていました。

マーケティングの仕事を始めて間もなく、私は結婚し、子供もできました。

仕事はそれなりに面白く、充実した日々でした。戸建て住宅を対象にしたマーケティングが中心で、例えば横浜市内の戸建て住宅の市場分析をしたりとか、戸建て住宅というニッチな分野でのビジネスが多かったですね。ただこの会社は、当然住宅市場の盛衰に依存しており、自分なりに今後当市場が縮小していくことを考え、5年、10年というスパンで見たときの、会社の成長性や将来性について疑問を抱いていました。そういった意味で、この会社に一生いようという気持ちはあまりありませんでした。妻と子を抱え、日々の生活を維持しなければならないという気持ちの方が強かったのです。

そんなときでした。以前から付き合いのあった宮内さん（宮内亮治・ライブドアＣＦＯ）から突然連絡をもらったのは。

「面白い会社があるから来てみないか？」

あとから知ったのですが、当時のオン・ザ・エッヂは上場準備中で、人手を探していたのです。でも私は当時、インターネットビジネスにはさほど興味もなく、オン・ザ・エッヂと聞いても、

「確か東大中退の若い人が社長なんだっけ？　ネットビジネスをやってる会社だったよな……」

という程度の印象しかありませんでした。でも猛烈な興味は覚えました。この話があったのは、1999年秋のことです。世間ではインターネットビジネスが大変なブームとなり、ネットビジネスで儲けた若者たちの話が、雑誌やテレビで盛んに紹介されていました。オン・ザ・エッヂ入社のオフ

アーをもらったとき、

「自分もネットビジネスの一翼に参加できるのか」

という期待感のようなものが、自分の心の中でどんどん膨れ上がっていったのです。

とはいえ、妻も子もいる身です。オン・ザ・エッヂの会社規模を宮内さんに聞いてみると、社員数はわずか20人前後で、社長も20代半ばだといいます。本当にそんなところに自分の未来を託して大丈夫なのか？　すぐに倒産してしまって、妻と子を抱えたまま路頭に迷ってしまったらどうしよう？

そんな不安も少なからずありました。

◆安定を取るか、成長を取るか

転職か、残留か――。気持ちは非常に揺れ動きました。

会社の将来性ということもずいぶんと考えました。確かにオン・ザ・エッヂは小さな会社で、いつつぶれてもおかしくはありません。それに比べれば、今の会社は社風も明るく社内の雰囲気は悪くなく、利益率も非常に良い健全な会社でした。

でも将来、大きく伸びるということはなさそうです。悪い言い方をすれば、建設不動産業界に非常に依存していている会社で、今後成長する可能性はほとんどありませんでした。

「このままこの仕事を続けていって、5年先とか10年先はどうなるのかなあ……」

という漠然とした不安がつきまとって離れませんでした。

一方で、オン・ザ・エッヂは海のものとも山のものとも分からない企業だったけれど、「ひょっとしたら将来、大化けしていくかもしれない」という期待感も持てました。あるいは自分がこの小さな会社の中に入って、みんなで一緒に盛り上げていければという気持ちも、当時すでにあったのかもしれません。

「よし、この会社に賭けてみよう」

このとき、私は32歳でした。オン・ザ・エッヂは本当に若い会社で、スタッフの平均年齢も20歳代。勢いのある雰囲気は、それまで在籍していたマーケティング会社とはまったく異なるものでした。

でもそんなことをじっくりと感じる余裕もなく、私は激務の中に放り込まれたのです。

◆上場前後の目の回るような忙しさも新鮮

当時、オン・ザ・エッヂは翌年4月の新規株式公開（IPO）を控え、膨大な作業に追われていました。朝は9時過ぎに出社し、帰宅するのは連日午前様でした。午前様といっても0時過ぎどころじゃありません。午前2時、3時は当たり前。土日もほとんど休みなく働きました。仕事は多岐にわたっていました。上場に必要な膨大な数の書類の作成や、証券会社、信託銀行、印刷会社等上場に関係する業者との打ち合わせ。それらすべてを、宮内取締役と野口英昭さん（現エイチ・エス証券取締役）

と私というたった3人で行っていたのです。目が回るような忙しさでした。

マーケティング会社では労働時間は午前9時から午後5時までと決まっていて、夜遅くまで残業している者は「仕事のできないヤツ」と思われるような企業風土だったのですが、オン・ザ・エッヂはまったく逆でした。全員が夜遅くまで働きづめで、しかも全員が大学のサークルのような、友達感覚で働いているような文化だったのです。私にとっては、毎日が新鮮でした。

上場に向けての膨大な作業は、東京証券取引所から上場承認が下りた3月ごろには、ほぼ終わっていました。しかしゆっくりしている暇はありません。4月にはネットバブルの崩壊が始まり、新興市場のネット関連株は次々に暴落していったのです。

「このまま暴落が続き、上場できなくなってしまうのではないか」

という危機感で頭がいっぱいになりました。しかし、それに不安を感じたり、将来を心配している心の余裕さえ、当時はありませんでした。

「自分たちがこの会社の上場の問題を握っている。どうすればこの危機を回避できるのか」

と頭をめぐらすのに必死で、毎日のように証券会社と善後策を協議し、社内会議も繰り返し行いました。余計なことまで考える暇などまったくなかったのです。

「われわれがこの会社の命運を握っているのだ」

と考え、死にもの狂いで頑張ったのです。

今思い返すと、もしあのとき上場のタイミングが半年後だったら、調達できた資金はきっと10分の

1にも満たない金額だったでしょう。そう考えるとかなりきわどい瀬戸際を歩んでいたことが分かりますが、当時はそこまで考えませんでした。オン・ザ・エッヂが上場した東証マザーズは、3カ月ごとに一度、財務などの数字を開示するIR（企業が株主や投資家に対し、投資判断に必要な情報を適時、公平に、継続して提供していく活動）を行わなければなりません。上場が完了し、資金調達のめどがついて間もなく、今度はIRに向けての作業に追われまくる日々でした。

上場という仕事についての達成感をゆっくりとかみしめることができたのは、上場から約2カ月後の6月に開かれた上場記念パーティーになってからでした。私はシャンパンで乾杯しながら、

「この会社の上場を、自分は担ったんだ」

と充実感を味わい、本当にこの会社に入って良かったとしみじみと感じることができました。これほどの達成感は、人生の中でそう何度もないでしょうね。

会社の上場後にオン・ザ・エッヂの100％子会社として、インターネットの金融サービスを展開する株式会社キャピタリスタ（現ライブドアファイナンス）が設立されました。私は抜擢されて、キャピタリスタの役員に就任したのです。

【キャピタリスタ】
キャピタリスタ（現ライブドアファイナンス）は2000年4月、オン・ザ・エッヂの100％出資子会社として設立された。設立の趣旨は、オン・ザ・エッヂが上場により培ったノウハウを用いて、他の上場予備軍

に公開支援等のコンサルティングなどを行うことであった。オン・ザ・エッヂは、その上場時に株式市場に対する知識が十分でなかったことから、無駄な支出が多く、後にさまざまな反省や教訓を生み出した。そうした知識や経験を、他のベンチャー企業の支援に生かせないかと考えたのだ。後に無料プロバイダだったライブドアや、アスキーの電子商取引部門だったアスキーＥＣなど、同社のＭ＆Ａ（企業の合併・買収）の中核を担う部隊として活躍するようになる。当初は出資して株式値上がり益を狙うビジネスモデルで事業展開し、エン・ジャパン、オープンループ、ビービーネットなどのベンチャー企業に対して積極的な出資を行ったが、オン・ザ・エッヂグループの戦略の転換等の理由により、徐々に投資からＭ＆Ａへと主力がシフトしていくことになる。その成果が、旧ライブドアやアスキーＥＣ、ビットキャッシュなどの買収となって結実した。

◆ストックオプションで1億円

給料も上がりました。マーケティング会社では月給は約30万円。それに年間4カ月のボーナスがあり、年収は５００万円程度だったのですが、大幅のアップになりました。

でも何よりも大きかったのは、ストックオプションでした。会社全体で２０００年4月の上場前、1月に発行済み約1万２０００株のうち約５００株を付与されたのを皮切りに、これまで4回ほど付与されています。

ストックオプションで優遇税制を受けるためには、2年間据え置かなければならないので、２００

2年に行使しました。行使価格は83円（ライブドア株はその後株式分割されているため、現在の株では8円相当になる）。これを売却したのは2003年後半になってからで、このときの株価は2500円前後でした。1株当たり、2400円余りの利益を得ることができたということになります。それで得た現金は、1億円ぐらいでした。

ライブドアでは東証マザーズ上場後、3カ月に一度は決算の数字を開示しています。決算期は9月なので、第1四半期の締めは12月ということになります。そして自社株はインサイダー取引の法規制で、締めの10日前になる12月20日から決算発表の2月までは売却できないことになっているのです。つまり1四半期3カ月間のうち、2カ月間は売ってはいけない時期ということになるのです。1年のうちで、売却できるのはわずか4カ月間しかないということですね。

でもこれは一般社員の場合です。

私の場合は、M&Aなどファイナンス関係の仕事に従事しているため、さらに厳しいインサイダーの規制があって、年間4カ月のうち、2カ月しか売れなかったのです。

おまけに株価の変動もあって、その狭い時期の中で売却するタイミングも難しかった。ライブドア株はけっこう変動が大きく、2004年には時価総額は9000億円ぐらいにまで上がりましたが、最も下落した2003年3月ごろには時価総額は50億円程度まで下がっていました。そのころには売るに売れません。そんなこんなでタイミングを計り続け、ようやく売却できたのが、2003年秋のことだったのです。

【ストックオプション】

企業の役員や社員が、事前に決められている価格で自社株を取得できる権利のこと。権利をもらった社員は株価が上場した際にストックオプション権利を行使し、自社株を取得して売却することができる。株価が低迷していると一文の利益にもならないが、株価が高騰していけば、巨額のキャピタルゲインが臨時報酬として転がり込んでくる。日本では1997年の商法改正で導入が可能になった。

◆自分が会社を支えているという実感

1億円は、家と車に使いました。家は目黒区の住宅地に、40坪（約130平方メートル）ほどの建坪の一戸建てを立てました。ちょうど長女が小学校に、長男が幼稚園に上がる時期だったので、家を持つにはいいタイミングかなと思ったのがきっかけでした。

車は、フェラーリ360スパイダーです。もともとフェラーリが好きだったんです。一戸建てに引っ越す前に住んでいた賃貸マンションの近くにフェラーリの中古車店があって、会社に通勤するときに毎日その前を通っていました。欲しいなあ……って。スパイダーの出物があって、ちょうどいいタイミングでストックオプションの株を売却することができて、もうこれしかないって感じで買ってしまいました。家族と遊びに行くことを考えれば、ミニバンの方がいいことは分かっていたんですが、フェラーリの魅力には勝てなかったですね（笑）。

ストックオプションを宝くじに当たったように思っている人もいるようですが、私は自分の仕事に対する正当な対価の1つだと受け止めています。単純に言ってしまえば、自分がこの会社のためにどれだけの利益を上げているのか？　ということですね。もし1億円の利益を上げているのであれば、その10％ぐらいを歩合のようなかたちで欲しいと思うのは、間違いではないと思うのです。

たぶんそのあたりの発想は、大企業に勤めている人とはまったく違うのではないかと思います。私は仕事柄、大企業の方とも頻繁にお会いし、一緒に仕事をすることも多いのですが、文化の違いのようなものを感じることが多いですね。

大企業で億単位のカネを動かしていても、だからといって、

「自分が会社を動かしているんだ」

という実感を持てるかというと、きっとそうでないことの方が多いのではないでしょうか。大企業の場合は、社員はあくまで企業という組織の一員として、企業のブランド力や知名度、信頼度などをバックにして仕事をしている。自分で億単位のカネを動かしているからといって、自分1人の力でその仕事ができると考えるのは間違っている――そんなふうに教育を受け、思い上がりを戒めるような指導を受けることが多いと思います。

それに大企業の場合は、もし自分が日々の仕事の中で、

「この事業はいける！」

と感じても、それを実際に興すまでには時間も手続きもそれなりに必要です。個人の裁量でできるこ

とはそれほど多くはないでしょう。

でもベンチャー企業は、まったく違う。圧倒的なスピード感があります。そして大企業のような後ろ盾も知名度もまったくない中で、社員1人ひとりが自力でビジネスを開拓し、事業分野を切り開いていくのです。自分の力で、自分の総力を挙げてこの会社を支えていくんだ、という気持ちがなければ、仕事を進めていくことはできません。そんなふうにしてみんなで必死に会社を動かしているのだから、その仕事に対する対価として、仕事に応じた報酬を求めるのは当然の気持ちだと思います。

2004年4月に、ライブドアは3回目の公募増資を行いました。調達金額も右肩上がりで、ぐんぐんと会社が伸びているのが実感として分かります。その成長を自分たちで支え、支えながらその伸びていく姿を目の前で見ていくことができる。大企業では、なかなかそうした体験をするのは難しいのではないかと思います。

◆起業よりも魅力のあること

ところで巨額のストックオプションで現金が手元に入ってくると、会社を辞めて起業を考える人も多いようです。でも私の場合は、会社を辞めようという気持ちはまったくありません。確かに最近はライブドアの株価も上がり、ストックオプションを行使すれば、生活を潤してくれる現金が入ってきます。家も車も買うことができました。でもそのお金だけで一生食べていけるわけではありませんし、会社の業績を良くしていって、それで株価を押し上げる努力をした方がずっと得策ではないかと思っています。

そもそも自分の能力を冷静に判断すると、起業家としての能力はないと思っています。もしそういうビジネスプランを持っていて、それを実現したいという気持ちがあれば別ですが、今はライブドアでの目の前の仕事にとても満足しています。この会社を大きくして、自分も一緒に大きくなっていける方が、ずっと楽しみです。

今手がけている為替の商品取引をはじめとする金融サービスや、M&Aなどの投資事業は、本当に刺激的な仕事です。この面白さは尋常じゃないですね。これからも頑張りたいと、心の底から思っています。

【ストックオプション起業】

米シリコンバレーでは1990年代、新規株式公開（IPO）を行ったハイテクベンチャーの中から、多数のストックオプション長者が誕生した。弱冠20歳で、数百万ドルのキャピタルゲインを得た若者も少なくない。そしてその多くが会社を退社し、自らの起業へと走った。このためIPO後に有能な若手社員が外部流出するベンチャーも相次ぎ、人材の空洞化を招くとして問題になった。また逆に、ストックオプションを付与されて若い社員がぬか喜びをしてると、その後の株価暴落で権利が紙くずになり、すっかり仕事のやる気を失ってしまったというケースもある。あるいは行使して株を入手したものの、売却のタイミングを逸して暴落してしまい、その後多額の税金の支払い命令が来て青ざめる、といった例もある。

とはいえ、ストックオプションは会社にとってはキャッシュアウトを伴わずに社員に大きなインセンティブを与えることができ、社員と会社がウインウインの関係で満足できる良い制度であることには変わりはない。


次に登場するのは、ライブドアでウェブデザイナーを務めているMさんだ。彼女はまだライブドアが30人程度の小さな会社だったころ、アルバイトとして入ってもらった女性だ。専門学校を出てからまだ間もなく、駆け出しという言葉がぴったりだった。

でも彼女は仕事を投げ出さず、5年間にわたってライブドアで激務に耐え、一生懸命頑張った。そして何と、ストックオプションで数千万円に上る利益を手にすることになったのである。

case 2

ラッキーだけど、大金は不相応？ 数千万円のストックオプションは老後の貯蓄にしたい

デザイナー　Mさん（26歳）

◆アルバイトの申し込みがカンタンだった

ずっとデザイナーを目指していました。

高校を卒業後に専門学校でデザインの勉強を続けていたのですが、目標にしていたデザイン事務所への就職はとても難しく、最終的に社会人向けのキャリアスクールに入社したんです。５年ぐらい前の話ですね。当時はウェブの知識やＨＴＭＬの書き方を教える社会人向けの学校はあまりなくて、ウェブ制作会社が母体となって設立したそのスクールも、かなりにぎわっていました。

そこでデザイナー用のソフトウエア「フォトショップ」「イラストレータ」のインストラクターをしていたのですが、やっぱり、実務経験がないということに行き詰まりを感じてしまって。ソフトの機能は一通りは知っていても、実際にウェブを制作するにあたって、どんなときにこの機能が使えるのかとか、困ったときにどうすればいいのかとか、そういう実際的なスキルを身に付けたかったんです。

そこで仕事をしながらこっそり就職活動を続け、オン・ザ・エッヂの求人を見つけてアルバイトとして採用されました。

インターネットで検索していたら、オン・ザ・エッヂのサイトでアルバイトを募集していたんですね。ほかにも自社サイトで求人広告を出していたところはあったのですが、そうした会社が「詳細はメールをください」と書かれていたのに比べて、オン・ザ・エッヂはちゃんとエントリーフォームが用意されてました。わざわざきちんとしたメールを出すのはちょっと面倒で、あとでじっくり書こうと思っていたところに、ちょうど目の前に簡単な入力フォームが現れて……気がついたらフォームにちょこちょこっと書き込んで、送信ボタンを押してました。

なんだか人に言うのが恥ずかしいぐらい、ちっちゃな話ですね（笑）。

◆アルバイトから4カ月後には社員に

オン・ザ・エッヂに入社したのは、1999年秋のことです。当時はまだ社員も30人ぐらいしかいなくて、本社も六本木通り沿いにある雑居ビルの中でした。

入社した時期は偶然、ウェブ制作の新規受注が少ない時期で、かなりラッキーでした。私としては実務経験をきちんと積みたいと思っていたので、それほど急に重い仕事に放り込まれず、割にスムーズに仕事に入っていくことができたんです。もちろん徹夜とかもたくさんあったんですが、「まあこんなものかな」という印象でした。

ちょうど会社もこの時期、上場に向けてさまざまな体制が変わっていく過渡期にあったようで、今振り返ればいろんなことが混乱していました。辞めていく人も多くて、

「何か大変な会社に入っちゃったかな……」

と少し後悔した時期もありました。でも当時、私はずっとオン・ザ・エッヂにいるつもりは全然なくて、とりあえずデザイナーとしてのキャリアを積みたいというだけだったんです。デザイナーの世界って、最後は独立してフリーになったり、あるいは自分で事務所を開いたりする人が多いんですよ。いずれは自分もそんなふうに、人脈で仕事をしていければいいなと思っていて、その目的のためにはとりあえず場所を選ばず、仕事をどんどんやろうと。極論すれば、会社はどこでも良かったんです。

最初は実力も実務経験もゼロなので、アルバイト採用でした。アルバイトでも、「実力があれば社員に登用するから」と言われて、実際に入社して3カ月ほどたってからは社員と同じ勤務体系で働くようになり、4カ月後には社員になれたんです。

◆お金は欲しいけれど大金はコワイ……

ストックオプションは、社員になってからもらいました。権利は当時の株で4株分でした。今は分割してかなりの株数になっていますが……。

初回の分はとりあえず行使して、株価が4000円前後のときに売却しました。株の知識とかはまったくなかったので、

「ストックオプションがこうすれば行使できるから」

「今なら売却できるよ」

「今の株価はこれだけだから、売るのなら今のうちに」

と周囲の人たちに言われるがまま、その通りに手続きを進めました。本当にそういうのに弱いんです。売却したあとも、確定申告をしなければいけなかったり、慣れないことばかりで大変でした。そういう手続きって、私の仕事とは全然関係がないというか、別世界の話なので面倒だし、「やらなきゃ」という心理的負担も大きいし。それに株価の変動とか興味ないので、ストックオプションの行使を楽しめるという域には全然達しませんでした。両親にストックオプションのことを説明しても、よく分からないみたいでした。母はそれでも新聞なんかでライブドアの株価をチェックして、

「早く売らないと下がっちゃうんじゃないの?」

なんてヤキモキしたりして(笑)。でも父はライブドアという会社名さえぴんとこないみたいでした。

ちなみに、ストックオプションの権利を行使するときは、購入費を少し親に借りたんですよ。

会社の同僚とも、ストックオプションの実務的な話はいろいろ交わしたんですが、真面目に、

「お金を何に使うの?」

みたいな話はしなかったですね。笑い話みたいな感じで、

「別荘買っちゃおうか？」

なんて冗談を言い合ったりする程度。

だからストックオプションを行使して、そして得た株を売却して……という手続きの間も、なんだかあまり現実味はありませんでした。

でもそんなふうにして、だいたい1200万円ぐらいのお金を受け取ることができました。みなさんにとってはすごい金額じゃないのかもしれませんが、平社員にとっては大変なお金です。

でもこのお金が、私の仕事の対価とはとうてい思えないですね。年齢もスキルもそんなに高くないし……。ラッキー？　そんな言葉しか思いつきません。

まだ26歳なのに急にこんな大金を持ってしまって、金銭感覚を失ってしまうのが怖くて、全然使ってません。もともとボーナスが出たら買うのを楽しみにしていたものがあるので、それに30万円ぐらい使っただけです。

楽しみにしていたのはええっと、ちょっとしたブランドものと旅行と、それにちょっと高い5万円ぐらいの自転車と、それだけです。本当にちょっとした買い物です（笑）。ストックオプションはあと1000株分ぐらい残っているので、全部行使すればたぶん数千万円ぐらいになると思います。

そりゃもちろん、お金は欲しいです。でも大それた野心とか野望なんてものには縁がないので、あまりお金に近寄ると、むしろ危ないし怖いし……という気持ちの方が強いですね。

◆老後はストックオプションで安泰？

上場後にストックオプションで大金を得て退職した人もいました。起業されたとは聞いたのですが、その後話も聞かなくなって、いったいどうされているのかと思うと、なんだか不安になります。

私は一介のデザイナーで経営には向いていないでしょうし、興味もないので、いくらお金をたくさん得ることができたとしても、それを元手に人を動かしたりカネを動かしたりするよりは、自分の手を一生懸命動かして何かを作っている方が楽しいですね。

私が所属しているコンサルティング事業部に求められているのは、きれいなデザインのサイトを作るだけではなくて、アートディレクター的なとりまとめが求められるんです。お客さまに納得していただけるものをどのように形にしていき、そしてそれをどうお客さまに説明するか。私が最初にオン・ザ・エッヂにアルバイトで入ったときに思い描いていた、手を動かすだけの作業とはちょっと違うんですが、今の方がずっとやりがいがあります。

ライブドアも私が入社したときと比べると、ずいぶんと大きくなって、今では1000人も社員がいるんですよね。

「なんだか大企業で働いてるみたいだね」

って同僚と冗談を言い合ったりしています。

私の受け持っている仕事はライブドア全体の中ではほんの一部で、会社を支えているというような大それたものではありません。でもすごく手広く展開しているライブドアの事業の、その1つには貢献しているかなと思うことはあります。これからは自分自身のスキルをどんどん上げていって、アートディレクターとしての能力を高めていきたいですね。以前は漠然と、

「将来は独立するんだろうな」

と思っていたんですが、今は独立は考えていません。幸せな結婚ができれば、一生ライブドアでもいいかなと思っています。

ストックオプションでいただいたお金は、

「老後の貯蓄にするつもり」

って同僚たちには冗談ぽく言っています。もちろん、そこには若干の本心もあるんですけどね。

次は、ライブドアで広報担当として取材の窓口を一手に引き受けているOさんの話である。彼女は、国際線のスチュワーデスからの転身という変わり種だ。それまでマスコミからの取材を積極的にお願いするということをライブドアではほとんど行っていなかった。だが彼女が入社し、初体験だという広報の仕事をスタートして、社員全員が度肝を抜かれた。彼女が最初に手がけた記者発表会に、マスコミの記者が大挙して詰めかけてくれたのだ。マスコミ対策のうまさと熱心さは群を抜いている。

知名度の高くないベンチャー企業が、どのようにマスコミ対策を考え、記事を書いてもらえるようにどう動けばいいのか。彼女の努力を見れば、その一端が分かっていただけるのではないだろうか。そして従来の仕事であまり満足できていなかったOさんが、どのようにして仕事に充実感を見いだすにいたったのかという点も、ぜひ読んでいただきたい。

case 3

「自分で考えて」と言われて手探りで始めた広報の仕事
雑誌に持ち込んだ企画が通って、中吊りに載ったときは感動！

ライブドア広報担当　Oさん（28歳）

◆初めて会った社長に直談判

短大を出て、最初に選んだ仕事はスチュワーデスでした。就職先として選んだのは国内系航空会社だったんです。楽しい仕事でした。子供のころからスチュワーデスになりたいと思っていたので、厳しい訓練も嫌ではありませんでした。今でも楽しい思い出となって残っています。

この会社には3年半勤務しました。でも国内線が中心のエアラインで、国際線にはせいぜい5時間ぐらいのフライトしかありません。もっと長い時間国際線に乗務してみたくなり、転職を決意しました。転職先として選んだのは、外資系の航空会社でした。そこで1年ほどスチュワーデスの仕事を続けたのですが、いろいろあって、ちょっと疲れてしまって……。このあたりで少し、別の仕事をしてみたいと思うようになったんです。今思い返せば、スチュワーデスという激務の中でないものねだりをしていたんでしょうね。

「ＯＬをやってみたいなあ」

って（笑）。電話機を肩にあててパソコンのキーボードをカチカチ叩いたり、カーディガンを羽織ってお財布を持ってランチに行ったり、そんなことにすごく魅力を感じてしまったんです。実際にやってみると、オフィスの仕事ってそんなに単純で楽なものでは全然なかったのですが……。

それで外資系エアラインを1年余りで退職し、外資系の大手ITベンダーに転職しました。仕事は秘書でした。でも案の定、実際に仕事に就いてみると、OL的な仕事は私には面白く感じられませんでした。スチュワーデスと比べると、やはり刺激に乏しいということもあったのでしょうね。向き不向きは当然あると思うのですが、役員や部長クラスのスケジュールの管理などをする秘書の仕事は、私には向いていないようでした。

そのころ、外資系エアラインで一緒にスチュワーデスをしていた友人がオン・ザ・エッヂに入社し、堀江社長の秘書をしていました。あるとき、彼女に誘われて堀江社長宅で開かれていたホームパーティーに出かけたんです。そこで堀江社長と出会い、

「広報の仕事をやってみたいんです」

と言ってみました。広報の経験もまったくない若い女が唐突にそんなお願いをして、堀江社長もずいぶん面食らったのではないかと思います。でもあとから聞いてみると、堀江社長は、

「ずいぶんポジティブで『我が道を行く』っていうタイプの人だなあ。でもやらせてみたら面白いかも」

と思っていただいたようです。それでオン・ザ・エッヂへの入社が決まりました。

入社してみて、最初はびっくりしました。

だって航空会社とは、あまりにも世界が違うんです。航空会社は上下関係の厳しい社会で、どんなに仕事ができようができまいが、先輩は先輩で、後輩は後輩。オフィスのフロアもかっちりと分かれていて、他のフロアの人とは上司を通さないと打ち合わせもできないような雰囲気でした。

ところがオン・ザ・エッヂに来てみると、なんだか大学のサークルみたいで……。私は航空会社の上意下達の社会に慣れきっていたので、最初は本当にとまどいました。

それにコストカットの厳しさも、これまでにないほど高いレベルでした。例えばその直前まで在籍していた大手ITベンダーでは、文房具は好きなものを買うことができました。オフィスに文房具メーカーのカタログがたくさんおいてあり、好きなデザインや気に入った色のものを適当に選べば、そのまま発注することができたのです。ところがオン・ザ・エッヂではボールペン1本、消しゴム1個でも必ず相見積もりを取らなければならず、そして最も安い値段のものを発注しなければなりませんでした。名刺入れ1つ取ってもそうで、私の机には名刺入れがなかったからずっと欲しかったのに、なかなか許可が下りなくて……。社長に何度もお願いして、やっと許可をいただいたほどです。でもその話をオン・ザ・エッヂの社内で話したら、同僚たちが、

「えっ、名刺入れの許可がもらえたの？」

とびっくりされてしまいました。コストカットの思想はすみずみにまで浸透しているのです。

◆知名度のない会社をどう売り込むか

広報の仕事も、初めての経験ばかりで本当に大変でした。広報担当は4人でしたが、私は対外的な担当を一手に引き受けることになったのです。いったいどこから何をどう始めればいいのかも分からず、上司に、

「何をやればいいんでしょう?」

と聞いたんです。上司に仕事の内容を指示してもらい、前任者から仕事を引き継ぐ——というのが大企業などでは一般的なやり方でしょう。私も当然、きちんとしたマニュアルとまではいかなくとも、具体的かつ詳細な指示をいただけるものだとばかり思っていたのです。

ところが上司は、私の質問にこう答えたんです。

「自分で考えて」

私は「えっ?」と聞き返しました。上司は再度、言いました。

「広報なんていろんなやり方があるんだから、あなたが自分できちんと考えてやってくれればそれでいいんだよ」

そう言われても途方に暮れるばかりではありましたが、でも何とか自分で考えてみようと思い直しました。自分で考えて、それを実行に移してみようと。まさに手探りでのスタートでした。

私は2002年12月にオン・ザ・エッヂに入社したのですが、東証マザーズ上場から2年以上を経

ていたその時期でも、会社の知名度はほとんどありませんでした。

とりあえず片っ端からテレビや新聞、雑誌の編集部に電話をして、

「取材をしていただけませんか？」

とお願いして回ってみました。でも反応は鈍かった。オン・ザ・エッヂの知名度の低さに加えて、こちらが取材のポイントを明確に話せなかったのも致命的でした。雑誌の編集者からは、

「取材の企画書を出してもらった方がいいと思う」

とアドバイスされました。どうしたらマスコミの人にうまく乗ってもらい、記事を書いてもらえるようになるかを必死で考えるようになりました。そして同時に、これまでオン・ザ・エッヂの記者発表会に来ていただいた記者の方全員にメールを送り、ことあるごとに電話をかけたりして、連絡を絶やさないようにしました。

数カ月もそうした努力を続けた結果、マスコミの人たちから、少しずつ反応が返ってくるようになりました。それまでは、わざわざ高い値段でホテルなどの会場を借りて記者発表会を開いても、なかなか記者の人に来ていただけなかったのが、30人以上も集まっていただけるようになったんです。私の方で記事のコンセプトを企画して雑誌編集部に持ち込み、それが採用されて取材に来ていただき、最終的に電車の中吊り広告にその見出しが載るということも起き、そんなときは本当にうれしく感じました。

そのころ一番印象に残っているのは、ある総合系週刊誌にオン・ザ・エッヂの記事を載せていただ

いたことかもしれません。今でもタイトルは覚えています。「ＩＴリベンジ、ニッチを狙え　情報技術関連産業の生き残り術」という見出しでした。

【オン・ザ・エッヂの記事】

総合週刊誌に掲載されたこの記事は、「『立国』から一転、『不況』の代名詞となったＩＴ産業。もうダメかと思いきや、隙間を狙った復活の息吹がある」というリードで、ＩＴ不況のさなかにニッチなビジネスで売り上げを上げているオン・ザ・エッヂと通信会社「鷹山」のケースが取り上げられている。オン・ザ・エッヂが2002年秋に買収した無料プロバイダの旧ライブドアについての話で、ＡＤＳＬ全盛期のブロードバンド時代でも、ダイヤルアップ接続にはまだ巨大な市場が残っていることを指摘。「ダイヤルアップは本当にニッチだが、絶対になくならない。それに他社はサービスをやめていくだけで誰も新たに参入してこない。だからわれわれが残れば、最終的にはオンリーワンの存在になれる」という堀江社長のコメントを紹介している。

為替取引の「ライブドアＦＸ」サービスを始めたときも、どう売り込もうか必死に考えました。若いサラリーマン向けの雑誌にターゲットを絞ったのですが、わが社は無駄な広告費は支出してくれないので、お金をかけて記事広告のかたちで掲載してもらうという方法はなかなか難しいのです。そこで考えて、編集部にこうお願いしてみました。

「30万円差し上げますから、運用日記を書いてみていただけませんか？　儲かっても損をしても、お金は全額差し上げますから」

って。そうしたら編集部の方もうまく乗ってくれて、見事2ページの運用日記がその雑誌に掲載されました。雑誌の広告ってページ単価が50万円とか100万円とかそういう世界ですから、30万円で2ページなんて本当は考えられません。私は内心、

「やった！」

と快哉を叫びました。

【ライブドアFX】

2002年2月にライブドアが始めたオンライン外国為替保証金取引サービス。株式と異なって為替は世界中どこかで必ず取引されているため、24時間いつでも取引が可能。また為替の流通量は株式と比べると比較にならないほど多いため、売りたいときに売れない、買いたいときに買えないというリスクが低くなっている。ライブドアはこの為替取引について、①パソコンのほかに携帯電話でも取引や為替レートのチェックが可能、②提携銀行からの入出金が24時間可能、③業界最高水準の低金利、④外貨預金と比べると10分の1程度の手数料、などを盛り込み、外貨預金を凌駕する画期的な金融商品としてサービスを提供している。

◆ベンチャー企業で働くということ

今いただいている給料は、決して悪くはないと思います。普通のOLと比べれば、かなり高いかもしれません。給料については査定の制度があって、3カ月に一度、査定が行われます。360度評価で、同僚4人とSABC4段階で評価をし合うのです。その評価結果を見て、上司が給料を増やすか減らすかを決めるという方式です。

でもお給料よりも、やっぱり仕事はやりがいですね。そうは言っても、広報の仕事は毎日苦労の連続で、

「やっぱりこの仕事は私に向いてないかも」

って思っては、しょっちゅう落ち込んでます。悔しくて悔しくて、一日中泣いていたことも。でも1日たつとイヤなことは忘れてしまう性格なので、だから今でも続いているんですけどね。

怒ったり悔しかったりすること……数え上げ出したら、キリがありません。例えばせっかく苦労してマスコミの記者さんと関係を築き上げて、いろいろ記事のコンセプトを提案して、ようやく取材にまで持ち込んだのに、社内で取材を受けた担当者の対応が悪くて、記者さんを怒らせてしまったときは、

「ちゃんとやってよ！」

って担当者に怒りをぶちまけちゃいました。もちろん単なる怒りだけじゃなくて、そのときはクレー

ムをいただいた記者さんが目の前にいたんです。それで私は思いっきり担当者に激しい言葉をはき続けて、そうしたらそれまで怒っていらっしゃった記者さんが、

「まあOさん、そこまで怒らなくてもいいから」

っておっしゃってくれたんです。それでその場は何とか収めることができました。

広報の仕事って、マスコミの方からは矢面になって文句を言われることもあるし、逆に社内からは、

「マスコミの手先みたいじゃないか」

と批判されてしまう。コウモリみたいな存在ですよね。取材対応が悪いと、何でこんなひどい対応しかできないんだ、もっと一生懸命やれないのか、って怒ることもしょっちゅうなんですが、最近は少し考え方も変わってきました。

航空会社では、「お客さまを喜ばせる」という目的に向かってみんなが一致団結するというようなスタイルでした。それは航空会社だから当然だったのかもしれませんが、ライブドアのようなインターネットビジネスを中心としている企業では、決してそれだけではありません。社内には技術者から営業マンまでいろんな人がいて、それぞれに目的ややっていることも異なっている。だから私も、いろんな人がいる会社の中で、自分の考え方をあまり押しつけずに、うまくやっていけばいいのかなと思うようになりました。いろんなカルチャーショックを乗り越えて、最近ようやくライブドアというベンチャー企業で働くことの喜びが分かってきたような気がします。

この会社は、何といっても物事を決定するスピードは圧倒的です。提案した内容が良ければ、わず

か10秒で決裁が下りることも珍しくはありません。何かをやりたいと思っても時間がかかり、手続きや根回しに時間を取られる古い企業とは全然違います。

ライブドアで頑張っていこうという気持ちもあって、その記念にライブドアの株を1株、20万円で買いました。それまで貯金をしたことはあまりなくて、もらったらもらっただけ使ってしまう生活をしていたのですが、少ない貯金を崩して買ってみたんです。

私はお金にあまり欲はありません。お金は大事だとは思うけど、それを守ることに必死になる必要はないかなと思っています。それよりも、このライブドアという会社で充実した仕事をしていけるかどうかの方が、ずっと大事だと思っています。

ライブドアは成長とともに、さまざまな企業を買収していった。「買収」というと悪いイメージに取る人もいるかもしれないが、そんなことはない。会社が買収されることで、その社長も社員も、みんなが幸せになれるケースというのは少なくない。以下に登場していただくバリュークリックジャパンの元社長のジョナサン・ヘンドリックセン氏と元プロジーグループ代表取締役社長の榎本さんの話を聞いてもらえれば、その意味が分かるだろう。

case 4
買収されるというのは「親が変わる」ということだけ 会社にとって最もいい選択をして数億円のボーナスを得た

元バリュークリックジャパン社長　ジョナサン・ヘンドリックセン氏（34歳）

◆米国本社に直談判、3週間後に日本法人設立

私がインターネット広告の世界に入ったのは、1998年3月のことだった。

アメリカの知人から、バリュークリックという会社のことを聞いたのがきっかけだったんだ。バリュークリックはネット広告の世界で頭角を現しつつあり、そして当時まだ設立されたばかりだった同社が近く日本での事業を計画しているという。私はその話を聞いてすぐに渡米し、バリュークリック社を訪れて直談判してライセンス契約を結んだ。そして3週間後には日本でサービスを開始し、その年の11月にはバリュークリックジャパンを設立した。当時の日本法人はわずか6人程度で、サーバなどは私がそのころに手がけたレンタルサーバの会社「トランズパシフィック」に委託する形をとっていた。大変な賭けだったけれど、それまでの日本にはない優れたサービスだという直感的な予想があったから、そのときは思い切り突っ走ったんだ。

バリュークリックのビジネスモデルは、「クリック保証型」と呼ばれるものだった。

インターネットのバナー広告は従来、ウェブサイト上に広告を表示し、そのページビューで料金を決めるという仕組みが主流だった。確かにページビューの大きなサイトは訪れる人は多いが、その全員がバナーをクリックしてくれるとは限らない。限らないどころか、クリック率はそのページを訪れた人のわずか1％程度と言われていて、クライアントからはかなり不満の声も上がっていた。

クリック保証型というのは、ウェブサイトを訪れたユーザーが実際にバナーをクリックし、クライアントのサイトを訪れた回数で料金を決めるというものだ。バリュークリックがサービスを開始した当時は1クリック当たりの広告料金は50～90円で、広告を掲載するウェブサイトには1クリック当たり8～20円の掲載料を支払うという料金体系だった。クライアントは最初に総クリック数を設定しておいて、その数字に達するまでバナー広告を掲載し続けるという仕組みだ。

この方法であれば、クライアントはクリックされていないバナー広告に対しては料金を支払う必要がない。クリック保証型広告によって、クリック1回当たりのクライアントのコストはそれまでの方式と比較して、約4分の1程度にまで軽減されることになった。

私が、

「この広告モデルは日本でもきっと売れるだろう」

と予測したのは的中し、サービスインのときに100万円程度だった月商は、秋には500万円を突破し、広告枠も売り切れるまでになった。

◆「買収」は相手とのシナジー効果を高めること

少し私の経歴を話しておこう。

私は1969年にニュージーランドのオークランドに生まれ、子供のころから東洋へのあこがれが人一倍強かった。神秘的なアジアを知りたいと思い、13歳のころから日本語を習いだした。15歳のときに初めて日本にやってきて、ホームステイしながら日本のあちこちを見て歩き、現代日本が急成長していることに本当に驚いた。

それで高校を卒業してから再び日本に戻ってきて、ホテルに勤めながら予備校へ通い、一生懸命勉強して慶應義塾大学経済学部に入学した。1995年に卒業後、契約社員としてキヤノンに勤めた。そして1996年に、マニュアル翻訳の会社としてトランズパシフィック（現バリューコマース）を文京区・本郷に設立した。翌年にはインターネットと出会って、消費者と生産者が直接結ばれるというインターネットビジネスのすごさに感動、レンタルサーバビジネスも始めた。そしてその後しばらくして、バリュークリックと出会ったというわけだ。

バリュークリックジャパンは、私とビジネスパートナーのティム・ウィリアムズ、バリュークリック米国本社、それにベンチャーキャピタルのジャフコなどが出資してつくった会社だった。資本金は5730万円。設立翌年の1999年、米国本社との間の経営面・技術面での協力体制を強化するため、米国本社に私とティムが保有していた株の一部を引き受けてもらい、出資比率を51％にまで引き上げて子会社にしてもらった。

そして2000年には売上高が10億円に達して累積損失も解消し、黒字転換した。そして同年5月30日に東証マザーズに上場することができた。ネットバブル崩壊直後で、ネット関連銘柄はかなり低迷している時期だったけれど、上場初日の終値は公募価格を17%も上回る352万円がつくなど、滑り出しは順調だった。

オン・ザ・エッヂは2000年4月に東証マザーズに上場していたから、時期はほぼ同じころと言える。両社ともネットベンチャーの中では古株の部類といえるだろうね。だがどこの傘下にも入っていなかったオン・ザ・エッヂと比べ、バリュークリックジャパンは米国本社の子会社として上場していたため、さまざまな制限があって苦労した。一番大きいのは連結決算の問題。米国本社の連結決算対象になるため、とにかく黒字をきちんと出すことが求められた。同時期に日本国内で同じような規模のビジネスを行っていたほかのベンチャーが、市場から調達した資金を元手に次々と先行投資していくのをただ眺めているのは、けっこうつらかったね。

ライブドアの買収の話があったのは、2003年11月ごろだ。堀江社長から内々にコンタクトがあったんだ。

バリュークリックは1999年から米国本社の子会社になっていたから、私にとってはライブドアに買収されるというのは、単に、

「親が変わる」

という程度の受け止め方だったんだ。会社を誰かに売り飛ばすというような意識はなく、ライブドアとのシナジー効果がどの程度あるのかということの方が大切だった。

ライブドアはテクノロジー中心の会社で、広告部門を持っておらず、販売力もそれほど強くなかった。ネット広告に全力を挙げてきたバリュークリックとは、まったく畑違いの企業と言っていい。競合しているのはＤＶＤの宅配ビジネスだけだった。でもまあ、これはさほど大きなビジネスにはなっていなかったから問題というほどではないし、統合すればさらに大きくなれるかもしれない。ライブドアが持っていたクリック広告事業部門も、同様のことが言えた。どうしても部分部分で重なってしまうところはあるけれど、総合的に考えれば、ライブドア傘下に入ることによるシナジー効果は、かなり大きいだろうと判断できた。

堀江社長という人物に対する信頼もあった。日本の社長にしては珍しくビジョンを持った人物だし、ユニークな考え方をする。ガッツはあるし、人の倍ぐらい真面目だし、そうした資質はちょっとビル・ゲイツに近いところがあるようにも思える。あとはね、私がすごく嫌いなことをやっぱり堀江社長も嫌いなんだな。

私が何を嫌いかといえば、よく日本人が使いたがる、

「それは○○ということになっておりまして……」

という言い回し。何でそうなっているわけ？　いつ誰がそれを決めたわけ？　どうして現状追認じゃなくて「あるべき姿」を追求したらいけないの？　そんなふうに思う。そうした既定路線みたいなも

のを、全部見直したい。そういう考え方に、堀江社長の考え方もすごく近いんだ。

堀江社長とは同じようなインターネットビジネス流、アメリカ流の流儀で素早くスムーズに話ができたのが大きかったと思う。同じベクトルで話すことができたってことだね。堀江社長はかなり日本人離れした人だと思うよ。

◆自社株を売って数億円

買収は、バリュークリックの米国本社が持っていた51％の株を堀江社長が全部引き受けることで行うことになった。採った方法は株式公開買い付け（ＴＯＢ）だった。１株当たり約13万５６００円で買い付け、総額約25億７２００万円で米国本社の所有分を買い取った。もちろん友好的ＴＯＢだから、「ＴＯＢがかけられた際には、必ず売りに出す」と米国本社は約束しており、その通りになったわけだ。

ＴＯＢの際は、自社株を持っている社長も自由に手を挙げて、買い付けに応じることができる。それで私にとってもこのＴＯＢは、自分が持っていた自社株をキャッシュに換えるいい機会になった。創業社長にとって、なかなか自社株を換金する機会はないからね。それでいくらかの株を処分し、数億円ぐらいの現金を得ることができた。まあこれまでの努力に対する、ちょっとしたボーナスというところかな。

【友好的ＴＯＢ】

日本でＴＯＢというと、敵対的ＴＯＢのイメージが強い。これは買収される側の企業が株の買い集めに同意しておらず、買収する側が一方的に株式の買い付けを宣言する行為のことだ。これに対して友好的ＴＯＢというのは、買収される企業が株式の購入に事前に同意しているケースで、Ｍ＆Ａの際に利用されている。もちろん買収する側が、株式市場の取引だけで株式を買い付ける場合には、ＴＯＢを行う必要はない。買い付けの条件を公開せずに、秘密裏に株式を買い集めるのは問題ない。だが市場を経由せず、株保有者などから直接株式の買い付けを行う際は、証券取引法第27条の規定に基づいて、買い付け条件の公開が求められる。買い付け条件を公開し、株主に周知することで、株主の不利益を防ぐことを目的としている。これを友好的ＴＯＢという。

◆社員も株主もいいことずくめ

バリュークリックとスタッフたちにとっては、ライブドアという大きな組織の中に入って仕事をするという安定感を得ることができるようになった。これまでは親会社が米国のバリュークリック本社で、あまりにも遠くて親密な意思疎通はなかなか難しかったから。でもライブドアに入って、これまで独自ではできなかった事業を展開したり、さまざまな多角化を安心して行えるようになった。会社としての可能性は、今まで以上に広がったと思う。

それに加えて、これまでは米国本社が技術をわれわれに提供してくれるというだけで、ビジネス的な結びつきは少なかった。でもライブドアには、強力な営業力がある。グループ内部からの売り上げも期待できるし、それに社員も本郷から六本木ヒルズにオフィスが移って、けっこう喜んでいる者も多いみたいだね。まあとにかく、メリットは非常に大きいということだ。

今回の買収で、バリュークリックジャパンの株価もぐーんと上がった。企業価値が上がって、株主にとっても、まったく問題のない取引だったといえるわけだ。TOBに応じた人には価格にプレミアムもついたし、言うことなしって感じだったんじゃないかな。

そして私はこれをきっかけに、7月からバリュークリックを離れることにした。バリュークリックという会社の将来を考えれば、ライブドアグループに託すのが最善の選択であるのは間違いない。だが私個人としては、今までも常に起業家であったし、今後も起業家でありたいと思っている。

そんな気持ちから、新たな会社をつくろうという気持ちが徐々に高まってきている。近く、私の新たなスタートをみなさんに披露できる日がくると思う。見ていてほしい。

case 5
買収時に得たキャッシュを元に年収は5億〜6億円　夢は「陸・海・空」を制覇すること

元プロジーグループ代表取締役社長　榎本大輔氏（33歳）

◆22歳で会社経営の世界へ

高校を卒業後、アップルコンピュータの創設者であるスティーブ・ジョブズの生き方にあこがれ、あのような会社を生み出す文化の一端に触れてみたいという思いから、アメリカに留学しました。そのころから、起業への夢は断ちがたく、私の心をずっと支配していたのです。

22歳で帰国し、それまでにアメリカで蓄えてきたさまざまな知識や経験を武器に、会社経営の世界へと乗り出しました。

最初に設立したのは、パソコン機器の通信販売の会社でした。当時はちょうどパソコン自作ブームの真っ最中で、秋葉原のショップも安くて高性能な周辺機器を求めるマニアで大にぎわいでした。パソコン業界は、空前の活況を呈していたのです。私の会社もそんな波に乗って、大きく売り上げを伸ばしました。それで調子に乗ってつくったのが、パソコン用のモデムの会社でした。ところがこの会社は思ったよりもうまくいかず、結局最後は他人に譲り、そのカネを持って香港に渡りました。19

96年のことでした。

現地ではネットコンサルティングの会社「EXA・NET」を設立し、日系企業に対するコンサルタント業務に携わりました。そして帰国後、プロジーグループを設立したのです。

きっかけは、ドイツ製の高性能なCD-R／RW書き込みソフト「NERO」に出会ったことでした。ISOイメージ（CD-ROMの論理フォーマット規格）の書き込みが可能で、自動起動可能なCD-Rを作成できるのが大きな特徴でした。当時、国産も含めて数多くのCD-R／RW書き込みソフトは各社から登場していましたが、ISO書き込みができる製品は少なかったのです。

「これは素晴らしいソフトだ」

感動した私はすぐにドイツに渡り、NEROを開発していたAhead社と交渉し、代理店の権利を得ることに成功したのです。そしてNEROを販売するための会社として設立したのが、プロジーグループでした。

会社を設立したころから、世の中はネットバブルに突入していきました。わが社にも、数多くのベンチャーキャピタルから、

「出資を受け入れませんか」

と誘いを受けました。だが当時プロジーグループはまだ有限会社だったことなどさまざまな制約があり、VCを受け入れて上場するということにはならなかったのです。そうこうしているうちにネットバブルは崩壊してしまったのですが、VCに踊らされた多くのベンチャー企業たちのその後の末路を

見ると、バブル期に出資を受けなかったのは結果として正しかったようにも思えます。そもそものころはソフトの売り上げが倍々ゲームで増えており、潤沢なキャッシュフローがありました。わざわざ不要な増資をすることもなかったのです。

◆好条件な売却先はどこか

プロジーグループがVCからの1億円の増資を受けたのは、ネットバブル崩壊後約1年たった2001年になってからでした。そしてこの増資で、ようやく株式会社へと移行したのです。

そしてこのころからすでに、会社を売却するという心持ちは私の中にあったのです。

自分が手塩にかけて育てた会社を売却するというと、日本では、

「とんでもない」

と反発される起業家の方は少なくないでしょう。数人の創業メンバーたちと会社を興し、血と汗と涙の結晶で会社を育て、従業員たちと苦楽を分かち合い、そしてどんなに厳しい状況を迎えようとも、最後まで会社の面倒を見る——そんな考え方が、日本では理想とされているようです。会社を売るということに、後ろめたい意識を感じる人は少なくありません。

しかしアメリカでは、起業家にとっては、とりあえずの目標は新規株式公開（ＩＰＯ）か会社の売却である、というのがごく当たり前の常識とされています。こだわりがあるのかもしれませんが、会

社はそもそも経営者のものではありません。株主のものなのです。そして第三者の出資を受け入れるのであれば、当然会社の経営には透明性を持たせなければなりません。しかし「自分の会社」意識が非常に強い日本の経営者の中には、そうした透明性の確保さえ嫌がる人も少なくないようです。

私は、プロジーの売却を狙っていました。

2002年当時、プロジーの売り上げは年商10億円のレベルへと達していました。従業員も20人に増えていました。はたしてこの会社を買ってくれるところがあるかどうか。

ちょうどそのころ、堀江社長のオン・ザ・エッヂが有名なメールソフト「ユードラ」のライセンスを買い取り、大々的に売り出していました。業界紙には堀江社長のインタビューが掲載されており、「今後はソフト販売にも力を入れ、海外のライセンスもどんどん得ていきたい」と書いてあったのです。

「これは面白い会社だな――ひょっとしたら、プロジーを買うんじゃないだろうか?」

私はそんなふうに思いました。

うまい具合にプロジーグループのCFO（最高財務責任者）と、オン・ザ・エッヂのCFOである宮内亮治さんの間に面識があったため、その人脈を通じて話を持っていったところ、話はとんとん拍子にまとまったのです。プロジーの出資者からは、

「オン・ザ・エッヂは評判が良くない」

と反対もあったのですが、押し切りました。

「あのくらい勢いのあるラジカルな会社の方が、先行き不透明なこの時代には有望だと思う」と説得したのです。

私は最低でも11億円くらいで売れないだろうかと考えていたのですが、オン・ザ・エッヂ側は最初から13億円強という値段を提示してきました。交渉はあっという間に完了でした。

社員にはギリギリまで交渉していることを明かしませんでした。私としては企業の経営と執行は別だと考えていて、プロジーグループの事業を率いるリーダーとしてはオン・ザ・エッヂに残る予定でした。変わるのは経営――つまりオーナーである株主だけで、そんなものが誰になろうが、社員には関係ないのではないかと思うのです。実際、社員からも文句はほとんど出ませんでした。ほぼ全員が退職せず、オン・ザ・エッヂへの移籍を選んだのです。

◆買収先で思う存分やりたいことをする

プロジーは当時埼玉県川口市の田舎にあったのですが、オフィスはオン・ザ・エッヂと同じ渋谷のビルへと移りました。現在は六本木ヒルズ森タワーです。こんなすごい場所で働けて、みんな喜んでいるようです。「無責任にも社員を放り出した社長」と私を見ている社員はいないと思います。

売却代金の13億円強は大半が株式交換で、一部は現金による支払いとなりました。現金で受け取ったのは約3億円です。このカネを投じて、世田谷区内に建坪140平方メートルの一戸建てを2軒買

いました。有名な建築デザイナーが設計した家で、地下に吹き抜けのジャグジーがある一風変わった建物です。当時、

「何で2軒並んでいる同じ家を2つも買うの？」

とさんざん不審がられたのですが、この周辺には外国人向けの賃貸物件が少なく、いずれ他人に貸して家賃収入を得られるのではないかと思ったからでした。

とはいえそれまでは戸建てに住んだ経験もなく、とりあえずはマイホームに入居してみたいなと思ったのも正直な気持ちです。子供もいましたしね。

プロジー社長時代は、埼玉県鳩ヶ谷市にある家賃19万円の賃貸マンションに住んでいました。月収は約300万円。だから年収は3600万円というところですね。預金は5000万円近くあったのですが、離婚した際にほとんどを取られてしまっています。

オン・ザ・エッヂに移ってからは、取締役兼最高戦略責任者（CSO）に就任し、ソフト部門や国際戦略部門などの事業を展開させました。さすがに同社には優秀な人材が多く、思い切り仕事をさせてもらえたと思います。現在、ライブドアが大々的にアピールしている「リンドウズOS日本語版」「オペラ日本語版」などは、私が手がけた事業です。

このままライブドアの経営陣のメンバーとしてやっていくという方法ももちろんあったのですが、最終的はやはり「堀江カンパニー」であるライブドアで仕事をしていくのではなく、自分自身の能力を使って新たなビジネスに向かって動き出してみたいという気持ちを抑えることができず、2003

年6月にライブドアを退社しました。

◆ヨットで世界一周！

プロジー買収時の株式交換などで得たライブドア株の売却で、数十億円に上る資金を得ることができました。手元には約20億円のキャッシュがあります。

それ以降、かなりのカネを使いました。

とりあえずは以前からやってみようと思っていた夢の実現を、最優先しようと思っています。

陸海空を制覇してみたいな、と思っていました。

陸は以前からカートが趣味で、レースにも出ています。空は高校時代にグライダー部に所属しており、全日本の大会で7位に入賞したこともありました。となると、次は海です。

具体的には、ヨットでの世界一周を考えました。

「本当にそんなことができるの？」

と笑う友人もいるのですが、私は「絶対にやるんだ」と自分に言い聞かせ、2007年の実行という目標も立てました。フランス製のヨットも約3000万円で購入しました。発電機や冷暖房、キッチン、シャワーなどが完備した12メートルもある大型のヨットです。

宣言してから、有名なヨットの専門家に話を聞きに行き、とりあえず近距離のレースに出てみたり、カナダのヨット学校に短期留学するなど、行動を起こし始めています。

車も、昔からの私の趣味でした。特にドイツ車を愛好しています。NEROやクローンDVDなど、私の事業はドイツ製ソフトに支えられてきたと言っても過言ではありません。ドイツが好きなのです。そんな好みもあって、自宅の車庫に入っている車はメルセデス・ベンツからアウディ、ポルシェなど圧倒的にドイツ車で占められています。世界に1500台しかないポルシェターボのカブリオレなんかもあります。所有車は全部で7台といったところでしょうか。

「そんなにたくさんあったって、乗れないのでは？」

と言う人もいますが、まあ私にとってはミニカーみたいなものですね。収集が趣味なんです。

今後は現在すでに始めている投資ビジネスに加え、昔からの夢だった建築関係の仕事も始めたいと思っています。その拠点作りも兼ねて、秋葉原の駅前にマンションを購入しました。今若手デザイナーと組んで、さまざまなインテリアの実験を行っているところです。いずれはこの場所を文化活動の拠点として、若手のクリエイターたちが集まる場所にしていきたいと思っています。

以前購入した世田谷区の戸建ては賃貸に出しており、現在は住居は堀江社長と同じ、六本木ヒルズレジデンス棟に構えています。ここは1平方メートル1万円の賃貸マンションなんですね。私の借りている部屋は約170平方メートルあるため、家賃は170万円です。何とも分かりやすい。まだプロジー時代、知り合いの会社経営者がこのレジデンス棟に住んでいて、遊びに行ったことがありました。豪華だけれども、あまりに高い家賃に、

「こんなに払うんだったら、買った方がいいんじゃないですか？」

と疑問を口にしたことがあるんですが、その先輩経営者は、私に向かって、

「君ももう少ししたら分かるよ」

と言っただけでした。今なら、私にも分かります。私は現在、ライブドアのときの資金を元に投資ビジネスを行っていて、年収は5億～6億円ぐらいになっています。収入がこれだけ増えてくると、月額100万だろうが200万だろうが、いくら使っても預金はほとんど減らないんですよね。安いところを探そうという気がなくなり、どうでもよくなるのです。

事務所は赤坂の高層マンションを使っています。こちらの家賃は月額100万円といったところでしょうか。

同じ場所にとどまるのが、好きではないという性分なのでしょうね。これまでも半年ごとに引っ越していているし、半年後にはまた別の所に移っているのかなあと思います。最近、熱海に別荘を買ったので、そちらに拠点を移すのも悪くはないかと思っています。

仕事もプライベートも、夢はいくらでも広がっています。先ほど言ったように、30歳代でヨットで世界一周はやってしまいたい。それからもう一度か二度は、IPOできる企業をつくりたい。できれば1000億円企業をつくり上げ、企業集団を束ねていく会長職を目指したいと思っています。

可能性は無限大なのです。

第3章「会社を上場させる」で、わが社の勃興期に起きた内紛のことを書いた。あの事件で社員の3分の1に当たる10人前後が退職してしまったのだが、もし創業のころのメンバーたちが辞めていなければ、東証マザーズへの株式上場後、ストックオプションによって、ここに登場した人たちと同じような想いを味わえたのではないかと思う。

今振り返ってみれば、彼らは会社に対して「家庭」のような温かみを求めていたのかもしれない。だから私が株式上場という拡大成長路線に走って、古くからのメンバーたちと対立したとき、彼らは家庭の大黒柱であるべき「父親」への反発のような反抗心を抱いたのではないかと思う。

しかし、これだけインターネットが普及し、ネットを介在したコミュニケーションが爆発的に増加している時代に、わざわざ人と人のつながりを会社の中だけに求める必要があるのだろうか。会社はあくまで仕事をする場所だと割り切って、自分が思いきり働いて能力を発揮し、その対価としてストックオプションも含めた高い収入を得る。それで十分ではないか。そして会社で得た収入を使って、自分の本来の居場所は別のところに作ればいい。それは幸せな家庭かもしれないし、趣味のサークルや、あるいはもっと規模の大きなコミュニケーションの輪のようなものもあるかもしれない。それは自分で考え、自分で選択していくものだ。

もちろん、会社でみんなが仲良くできて、家庭的な雰囲気を保つことができ、そして同時に会社がどんどん儲かって成長を続けることができれば、それに越したことはないと思っている。正直に言えば、そんな会社にはものすごく憧れる。

だが、それはある種、「完璧なものへの満たされない憧れ」なのかもしれない。そうありたいと多くの人が思っているけれど、絶対に手の届かない幻影のようなものだ。

そんな幻影を求めて失敗を繰り返すのは、あまりにも愚かではないか。

わが社は服装はカジュアルだし、若い社員が多いから、「大学のサークルみたいな企業」と誤解している人も多い。だがみんながナアナアのもたれあいの関係を保ち、運営も適当に行われているような組織を「サークル的」だというのであれば、ライブドアは１８０度異なる。服装にドレスコードがないのは、その方がスーツなんかよりもずっと働きやすいと考えているからである。もちろん中には自分の選択で、自主的にスーツを着ている社員もいる。そのあたりは本人の自主性に任せている。私もほとんどの場面はカジュアルな服装だ。株主総会も、海外の投資家回りも、すべてTシャツで済ませている。時にはスーツを着ることもあるが、それは必要に迫られてそうするのではなく、あくまで「自分がスーツを着たい」と思ったときにそうしているだけだ。

そうした風紀を定めるような規範は、ライブドアにはほとんどない。例えばタバコなど、嫌がる社員が非常に多いものに対しては、自主的に排除され、いつの間にか禁煙になっている。すべてを事細かに決めなくても、オフィスの論理のようなもので自動的にうまく動いていくのである。

六本木ヒルズの森タワー38階に構えているオフィスを訪れてもらえば分かると思うが、ライブドアの社内は「サークル活動的」という雰囲気にはほど遠い。確かにカジュアルな服装をした若者ばかりだが、どの社員も必死で目の前の仕事に取り組み、ビジネスに邁進している。楽しそうな雰囲気を期待して見学に来た人は、びっくりするかもしれない。しかし何度も繰り返すが、会社は別に楽しい場所である必要はないのだ。

そんな中で、社員と経営者が同じベクトルを持てるとすれば、それは家庭を目指すのではなく、やはりウインウインの関係を保てる金儲けを目指すべきだろう。

その意味で、ストックオプションという制度は非常に素晴らしい。なぜなら、社員の利益と会社の利益が一致するからだ。通常、社員の給料を上げてしまうと社員本人は幸せになれるが、会社側は人件費という固定費の増大に苦しめられる。つまり社員の利益が増えると、会社の利益が減ってしまうのだ。社員の幸せと会社の幸せは一致しないのである。

だがストックオプションであれば、利害は一致する。会社が成長し、株価が上がれば、会社も社員も、幸せになれる。社員が巨額のストックオプションを行使したからといって、それが会社のコストに跳ね返ることはない。「カネ儲け」という同じベクトルの中で、ライブドアの社員たちはどれだけ機転を利かせ、素早い決断で仕事を進めるかを競っているのである。

ライブドアのビジネスは、いつも即断即決だ。例えば社内のメーリングリストでも活発な議論を行い、その中からポンと新しいビジネスモデルが浮かび上がるというケースは少なくない。最近非常に注目を集めているブログサービス「ｌｉｖｅｄｏｏｒ Ｂｌｏｇ」は、メーリングリストの中で「こんなサービスがあったらいいな」という感じで話題に上ったことがきっかけだった。当時はホスティング型のブログサービスは国内に存在しておらず、ブログを始めようとする人はＭｏｖａｂｌｅ Ｔｙｐｅ（ＭＴ）などの難しいプログラムを扱う必要があったのである。

「ＭＴは難しくて、そんなのやってられないよ」

「何でホスティングでやってるところがないのかな」

と盛り上がり、「じゃあやろうよ」と私が言って、あっという間にビジネスとして立ち上がった。伝統的な大企業のように稟議や決済などの手続きは、キャッシュアウトの処理以外ではほとんど必要ない。必要なのは「ノリ」なのである。

そんなふうに全員で、新たなビジネスに向かって突き進み、たくさんのカネを儲け、そして投資家も社員も社長も、みんなで幸せになっていく――それがパーフェクトな姿ではないだろうか。

私はそんな会社を目指して、今日も突っ走り続けているのである。

ライブドアにかかわるすべての人へ

シンプルに考えること。

私はこれが成功の秘訣だと思っている。大抵は会社経営歴が長くなればなるほど、ステークホルダー（利害関係者）は増え、その調整に四苦八苦することになる。中長期的に経営の舵取りをうまくやるには、ステークホルダーとの間でウィン ウィンの関係を築くことである。一時的な自分の利益獲得のために周りの人に損をさせてはいけないのだ。しかし、それぞれの関係性を局地的に見れば、利害が一致しないケースは多い。あちらを立てればこちらが立たずなんてことはしょっちゅうである。

上場して株式を発行することは、この複雑な利害関係をシンプルにする第一歩である。会社の周りにはお客様、株主、取引先、従業員、経営者などの利害の一致しにくい多数のステークホルダーが存在する。商品を安くすればお客様は喜ぶが、会社は損をする。その損を取引先に押し付ければ、取引先との利害関係が一致しない。あるいはコストを減らせば、それは従業員の給料を減らすことにもなりかねない。それぞれの板挟みになり、経営者は苦悩の毎日である。

解決するのは簡単だ。みんな株主になってもらえばいいのだ。成長企業であるうちは、中長期的な株式の値上がり益を享受してもらう。成長が一段落し、安定企業になれば配当金という形で株主還元すればよい。そうすればお客様は、その会社の企業の一口オーナーのようなものであり、商品に関して興味もわくだろうし、ライバル会社の商品に引けを取らないデキで価格も変わらないのであれば、株主である会社の商品を選ぶだろう。取引先もある程度の値引き要求に応じてくれるかもしれないし、従業員は株価の上昇、あるいは配当を期待して、無理な給料の値上げ交渉をしてこない可能性も高まるかもしれない。もちろん、１００％解決はできないかもしれないが、かなり有効な解決方法であることは間違いないだろう。特に起業して間もないベンチャー企業にとっては、株式を利用して、キャッシュアウトを抑え、優秀な人材を獲得して、急成長するためのドライバーであるに違いない。

私はこの、みんなが容易に株主になれる仕組みを普及させるために、東京証券取引所マザーズに上場している株式会社ライブドアの株式を、あえて１００分割などの大幅な分割に踏み切った。少しでも多くの人たちに、株主になってもらいたいからである。

今まで日本でマトモな会社の株式を買おうとすると、最低でも数十万円以上の資金が必要だった。株式は銀行預金などに比べれば、非常にリスクの高い金融資産である。1日に10％を超える上げ下げだって日常茶飯事である。一般市民がそのようなリスクの高い資産に、保有資産の多くを投資することは自殺行為に近い。そのような投資をしてしまうと、どうしても日々の短期的な価格変動に一喜一憂してしまい、中長期的な株主として振る舞うことができなくなる。しかし、数百円から数千円の株式であれば、比較的リスクが高くても投資を決断するハードルはかなり下がるだろう。

私はお客様でもあり、株主でもある人たちを、ある著名ファンドマネージャーの助言で、インベストマーと呼ぶことにした。さらに株主にわが社の商品を購入していただくだけでなく、商品を購入していただいたお客様にもわが社の株主になっていただければと思い、この書籍に株式のプレゼントを付けることにした（２００４年12月31日まで）。抽選で１０００名に、私が持っている株式会社ライブドアの株を１株進呈しようというものだ。おそらく日本初の試みではないかと思う。

わが社のようなベンチャー企業を立ち上げること、あるいはその会社に入社することは、まだまだリスクと感じられる方も多いかもしれない。しかし、本書に書いた通り、リスクが大きければ大きいほど、大きなリターンを手にすることができるのも事実である。もちろん、最初にリスクを取るのは非常に勇気のある行動である。そういう方々はぜひ、本書のプレゼント、あるいは実際に証券会社経由（できれば、わが社グループのライブドア証券経由がありがたい）で、どこかの会社のベンチャー企業の株式を購入してみて、起業すること、あるいは起業した人についていくことをバーチャル体験していただき、その経験の喜びを少しでも分かち合っていただきたいと思う。

私は、背負っている約12万人の株主（２００４年６月末現在）を幸せにするために、これからもたくさんのリスクを取って挑戦し続けていく。そしてこれからも、たくさんのワクワクする体験が待っていると期待している。

堀江貴文

巻末付録

目次

資料①　株式会社オン・ザ・エッヂ事業計画書抜粋

Ⅰ　会社概況

本来事業計画書とは、当社を知っていただくためのものです。まず、当社をより理解していただくために、当社の設立者である代表取締役の堀江貴文と、最高技術責任者である小飼弾を紹介させていただきます。

1. 代表取締役　堀江 貴文のご紹介

(1) パーソナルデータ

生年月日	1972年10月29日
血液型	A型
出身	福岡県
最終学歴	東京大学文学部中退
職歴	株式会社　オン・ザ・エッヂ代表取締役 株式会社　サイバーエージェント社外取締役 (その他は学生時代のアルバイト以外なし)

(2) オン・ザ・エッヂとは

当社は1996年に設立された、インターネットに関連する事業に特化した企業です。

現在基本的にウェブ制作、ウェブ管理、それにウェブ手数料事業といった、三事業を柱に運営しています。

ウェブ制作・管理事業は、自社リソースによる一貫したサービスを提供しています。ポイントは、単にその制作・管理を行うだけではなく、コンサルテーションによってクライアントの問題を解決することです。また、ウェブ手数料事業は、当社が有する高度な技術力を用い、インターネットコンテンツを開発・運用するサービスを提供しています。

このように、インターネットに関連する様々なサービスを、主に技術面・クリエイティブ面から開発・運用支援しています。

現在中心となっている事業は、ウェブ制作の受託や、200万人を超えるユーザを持つ世界初のクリック保証型広告付きメールマガジン配信サービスであるクリックインカム (＊1)、サイバーエージェント社の運営する日本最大規模のバナー広告配信ネットワークであるサイバークリック (＊2) などのサービスの開発と運用です。また、大手ポータルサイトや携帯電話向けのコンテンツ開発・運用も行っています。

(＊1) クリックインカム

メールマガジンに挿入された広告になされたクリック回数に応じて広告掲載料を徴収し、メールマガジンオーナーに報酬を支払う広告掲載・集計システム、及び、会員に対してオーナーに代わってメールマガジンを送信するメールマガジン配送システムです。当該事業は、サイバーエージェント社との共同事業であり、当社とサイバーエージェント社で当該収益を折半しています。

(＊2) サイバークリック

インターネット上のバナー広告になされたクリック回数に応じて広告掲載料を徴収し、サイトオーナーに報酬を支払う広告掲載・集計システムです。当該事業は、サイバーエージェント社からの受託事業であり、当社はサイバーエージェント社の当該売上高の10%を受け取っています。

(3) 起業の動機

起業の動機をよく聞かれることがありますが、自然にこの仕事に就くことになったというのが正直な答えです。大学時代に、アップルコンピュータで運営しているAppleLinkというネットワークのシステム管理を行いました。これがこの世界との出会いです。

当時大規模ネットワークはPC-VAN（現BIGLOBE）・Nifty Serve（現@nifty）といったパソコン通信分野が主流でしたが、そのなかでアップルコンピュータ社のマッキントッシュはネットワーク機能を標準で備えており、一歩進んだネットワークの世界に触れることができたことなど、AppleLinkでのアルバイトは私にとって運命の出会いであったかもしれません。AppleLinkでアルバイトをしていた時期が、丁度インターネットが世間に認知され始めた時期と重なったのです。私自身もAppleLinkを通じてインターネットに触れ、さらに関連書籍を読み、インターネットを理解するにつれて、「世界中のほとんどの人がインターネットを利用するようになったら、凄くなるな！」と漠然と思っていました。ここがまず始まりです。

インターネット事業で起業してやっていけると確信したのは、この仕事でおつき合いさせていただく方々と名刺の交換をするたびに、徐々に名刺にEメールアドレスが入るようになり、メールを通じて情報交換をする機会が増えるにつれ、Eメール自体の便利さを自分の肌で感じたからです。既に米国での普及の進行状態をみても、日本で普及するのは間違いないと感じていました。

Eメールの特性は電話とファックスの中間にあり、両方の長所を併せ持つことにあります。電話だとその場所に居なければならないし、ファックスだと紙に書かなくてはなりませんが、Eメールはコンピュータに入っているすべての情報を、いつでもどこにでも送ることができたのです。

そして、Eメールが便利だとみんなが理解して使い出すと、そこにビジネスとして成り立つ領域ができると考えていました。そして、「インターネットビジネスの将来性は確実だ。少なくともマーケットとしては存続する」ということを確信し、大学在学中でしたが、平成8年4月22日、アルバイト先の人間を誘い、有限会社オン・ザ・エッヂを設立してスタートしました。

アルバイトからいきなり起業というケースは特殊に映るかもしれませんが、アルバイトという肩書は、私にとっては束縛されない自由な立場という認識でした。それでも社員の方と同等、いやそれ以上にネットワークに深くかかわることができ、その分野では私の影響力もかなり大きくなってきていました。深く入り込めば入り込むほど私の存在が重要なポストを占めるようになり、同時に、自分で自由にやりたいという気持ちも強くなっていきました。自分で作っていきたいという思いが、アルバイトの身分からいきなり起業した原動力です。

設立当初は、アルバイト時代におつき合いをいただいた方々の応援もあり、設立1年目から黒字を計上することができました。しかし、設立当時の資金繰りは非常に厳しいものがありました。銀行預金残高は、毎日のようにチェックしていました。ただ、「赤字＝資金ショート」と考えていましたので、私が設立1年目から黒字を計上できたのも、「赤字の出る仕事は絶対にしない」ということを事業の選択肢の一つにしていたからでもありました。赤字＝資金ショート、次に来るのは倒産です。いくらいい仕事をしても、会社そのものが存続できなくなって、その後それを続けられなくなってしまっては全くの無意味です。現在でもこの「赤字＝資金ショート」の理論からなる「赤字の仕事は絶対にしない」は全く変わっていませんし、変えるつもりもありません。また、無駄な支出も絶対にしないようにしています。

以上が起業の動機です。

Ⅱ　当社の事業内容

1. 3事業の内容

(1) ウェブ制作事業

いわゆる「ホームページ」制作に関わる全ての業務をトータルにサポートします。当社は日本国内及び海外で、高品質なプランニング→デザイン→プログラム制作→HTML言語によるページ制作→環境の構築まで**一貫したウェブ制作**を行っている数少ない企業のうちの一つです。

昨年度はスーパーフィッシングワールド(http://www.superfishing.com)が、第2回日経ECグランプリで、B部門（＊）部門賞を獲得しました。また、ヤフーホームページBEST100に10サイトノミネートされています。

＊B部門とは年商1億円以上の部門。

(2) ウェブ管理事業

ウェブ管理事業は、構築したホームページ、サーバ、ネットワークのシステム管理、コンテンツ管理、サーバレンタルなどを基本的に行います。ウェブは制作して終わりではありません。その後の**コンテンツのメンテナンス**、**プログラムのバージョンアップ**、**システム管理**などは、地味ですが必ず必要とされるため、管理事業は当社にとっても**長期的に安定収益源**となる事業と言えます。

管理事業を内製化することによるメリットは、①効率的管理②コスト抑制③ノウハウの蓄積④他事業との相乗効果などが挙げられ、収益・利益は多くありませんが要となる事業です。

(3) ウェブ手数料事業

顧客または一般ユーザーがインターネット上のサービスシステムを利用し、その**利用に応じた利用料を徴収する事業**であり、ウェブ制作事業などで培った当社技術及びプログラムモジュール等を活用し、インターネット上で**各種コンテンツサービスを提供する事業**であります。当該事業については、当社の独自事業のみならず、事業提携または合弁会社設立等により事業を展開している分野もあります。現在その主なものは、**インターネット広告事業**であります。インターネット広告としては、インターネットの普及に伴い、従来の広告媒体であるテレビ、新聞等のメディアに加え、インターネットを利用したウェブサイトやメールマガジン等も新たな広告媒体として注目されており、当社は株式会社サイバーエージェントとの共同事業として、「サイバークリック」、「クリックインカム」等により、インターネット上での広告配信事業を行っています。

●ウェブ手数料事業の実績一覧

事業名	内容	名称（URL）	提携・共同・単独の別（＊6）
広告事業（＊1）	バナー広告	サイバークリック (http://www.cyberclick.net/)	(株) サイバーエージェントと提携
	メール広告配信	クリックインカム (http://www.clickincome.net/)	(株) サイバーエージェントとの共同事業
	オプトインメールサービス(＊5)	MAIL－in (http://www.mailin.ne.jp/)	(株) サイバーエージェントとの共同事業
ポータルサイト事業		あるあるネット (http://www.aruaru.net/)	(株) サイバーエージェントとの共同事業
ホスティング・ハウジング事業（＊2）	無料ホームページ・メール	フープス (http://www.hoops.ne.jp/)	(株) サイバーエージェントと合弁会社設立：(株) フープス
ASP事業（＊3）	オークション	ehammer (http://www.ehammer.net/)	(有) イーマーキュリーとの共同事業
	カタログ請求サービス	福耳.com (http://www.fukumimi.com/)	(株) サブアンドリミナルとの共同事業
	グリーティングカード配信サービス	あるあるGcard (http://www.gcard.com/)	単独事業
		POST OFFICE CLUB (http://www.gcard.com/)	(株) アクセスインターナショナルとの共同事業
Webパブリッシング事業（＊4）	競馬コンテンツ	ダービースクエア (http://www.k-ba.com/)	単独事業
	釣りコンテンツ	Superfishing World (http://www.superfishing.com/)	(株) スプートニクとの共同事業
	セキュリティ情報	Net Security (https://www.netsecurity.ne.jp/)	(株) Vagabondとの共同事業
	業務支援テスト事業	EQテスト (http://www.eq-test.ne.jp/)	(有) Queとの共同事業

＊1：バナーによる広告・メールによる広告・テキスト・ロゴボタン等、広告主のホームページへ誘導するタイプが主流を占めています。

＊2：ホスティングとは、ハードディスクの中身をレンタルすることを言い、ハウジングとはサーバを置く場所をレンタルすることを言います。

＊3：ASPとは、サーバに格納されたアプリケーションをネットワーク経由で利用することを言い、その利用に応じた利用料を徴収するサービスです。サーバの管理から解放されるなど、今後ネットワークの普及と比例して増加するサービスです。

＊4：専門分野に特化したサイトを構築する事業です。

＊5：メールユーザーからの要望によりダイレクトメールを送るサービスです。

＊6：提携とは先方から委託を受けることを言います。共同とは、先方と共同で事業を展開することを言います。当社にとってメリットが大きいと思われる事業は、共同で行っています。

●主なウェブ手数料事業の内容

1.サイバークリック	平成10年9月サービスイン
①概要	クリック保証型のバナー広告配信システムです。ホストサイトのバナー広告がクリックされるたびにそのサイトに報酬が支払われます。1999年12月現在1日約1,200万ページヴューで、日本一を誇ります。
②特徴	日本初クリック保証型の広告配信システムです。バナー広告がクリックされる度に、掲載されているホストサイトに1クリック当たり10〜30円支払われます。
③現状	
権利	(株)サイバーエージェントとの共同事業で、所有権はサイバーエージェント側にあります。
収益	サイバーエージェントから売り上げ×10%を手数料として徴収しています。事業提携契約書有。
競合	競合相手はダブルクリック、バリュークリック。サイバークリック、クリックインカムも媒体の確保がポイントです。当サービスはポータルサイトであるgooと提携しているため、媒体の確保は充実しています。また、他社と違いシステムを自社開発しているため、環境の変化に即時対応が可能である点も強みです。さらに、サイバーエージェントの営業力の強みも差別化要因に挙げられます。
④将来性	媒体をどの程度押さえられるかが勝負の分かれ目です。媒体の確保のために99年11月より、クリック数還元型の無料ホームページサイト「フープス」を開設しました。
⑤仕組	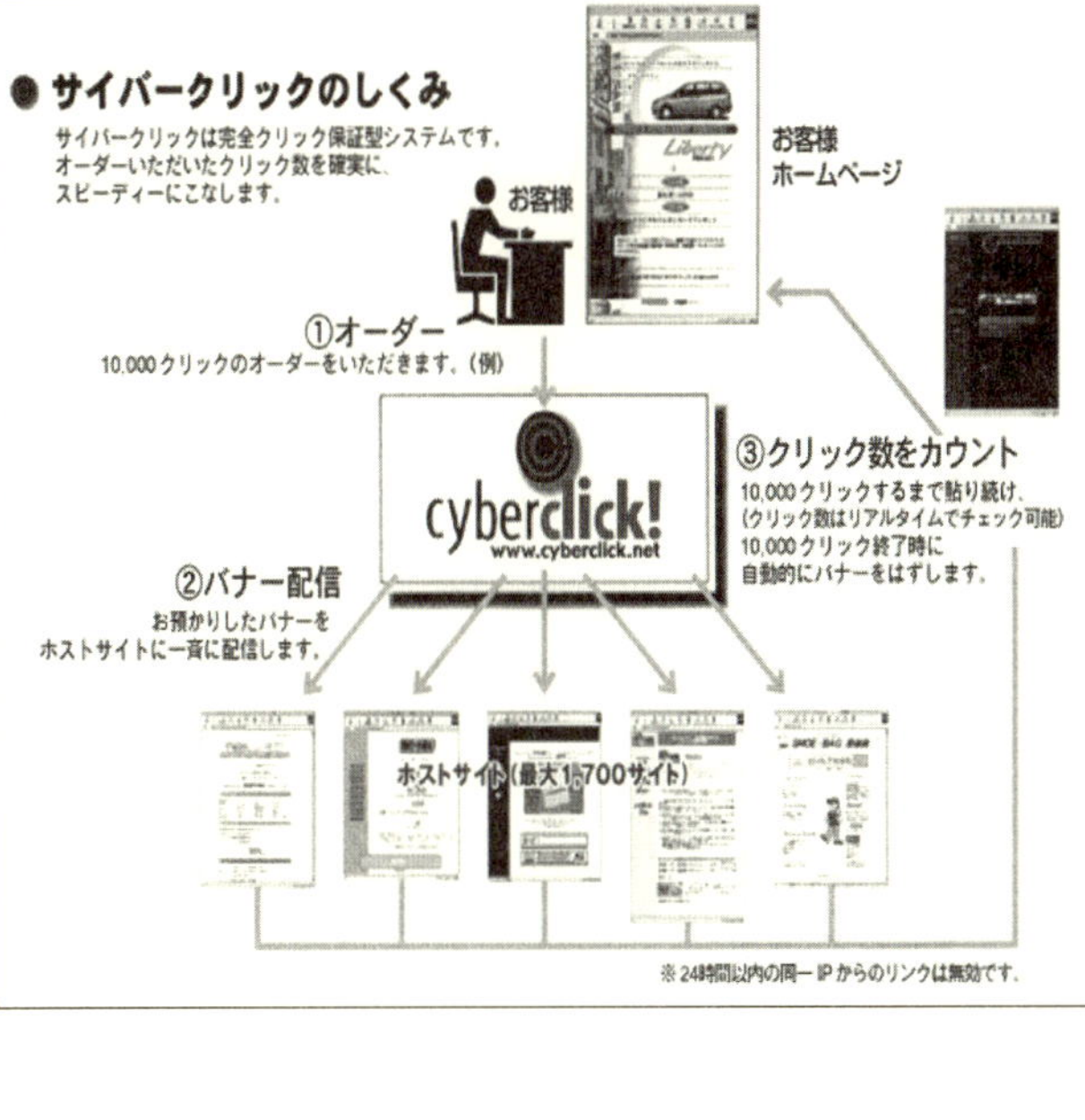

2.クリックインカム	平成10年12月サービスイン
①概要	クリック保証広告付きメールマガジン発行システムです。1999年12月現在、発行部数は約2,000誌、1週間で400万部を超えるメールマガジンを発行しています。 また、クリックインカムで蓄積したメール配信の設備とノウハウを活かし、「クリックインカム・エンタープライズ」のサービスを平成11年11月より始めました。これは、月額固定の低料金で大量のメール配信を請け負います。クリックインカムとの違いは、広告が挿入されないため、企業が配信するダイレクトメールや、新製品情報などのメールサービスに向いている点です。 当システムを利用していないメールマガジン発行者にクリック保証型テキスト広告を提供するサービス「クリックインカム・ダイレクト」を平成11年5月よりサービスインしています。当社の審査に通過したメールマガジンに対して、定期的に広告原稿をお送りします。発行者の方は、クリック数に応じ、確実な広告収入（1クリック当たり15円）が得られます。
②特徴	当システムで発行者がマガジンを発行すると、自動的にテキスト広告が入り、その広告がクリックされるたびに、発行者に1クリック当たり20円の報酬が支払われます。 クリックインカム・エンタープライズの特徴は、ユーザー企業が社内でメール配信用のシステムを持たなくても、ECサイトの顧客などに電子メールを大量配信することが可能な点です。
③現状	
権利	（株）サイバーエージェントとの共同事業で所有権は1/2。共同事業契約書有。
収益	サイバーエージェントと収益の折半。
競合	まぐクリック。同社は当社サービスと比較して5倍の媒体を確保していることから、脅威的な存在です。しかし、サイバークリックのところで記述したように、技術力・営業力の優位性は当社にあります。
④将来性	ポータルサイトであるヤフー、ライコスはメールマガジンサイトの構築をしていないため、両社と提携しメールマガジン読者のさらなる獲得を狙います。ISPに営業をかけ好調。実績として、DION（DDI）、hi-ho（松下）、JUSTNET、LYCOS、@Woman、Hoopsがある。
⑤仕組	

資料② 株式会社オン・ザ・エッヂ
上場申請のための有価証券報告書（Ⅰの部）抜粋

事業の概況等に関する特別記載事項

以下において、当社の事業展開上のリスク要因となる可能性があると考えられる主な事項を記載しております。また、必ずしも事業上のリスクに該当しない事項についても、投資者の投資判断上、重要であると考えられる事項については、投資者に対する情報開示の観点から積極的に開示しています。なお、当社は、これらのリスク発生の可能性を認識した上で、発生の回避、発生した場合の対応に努める方針でありますが、本株式に関する投資判断は、（有価証券届出書の）本項目以外の記載内容も併せて、慎重に検討した上で行われる必要があると考えております。

1. 当社の事業内容について

当社は、インターネットに関連する事業に特化し、ホームページの制作から管理・運営、インターネットビジネスのコンサルテーションに至るソリューション事業を展開しております。基本的に自社リソースによる一貫したサービス提供を行っております。また、社内に蓄積された技術及びプログラムモジュール等を活用することにより、各種インターネットコンテンツ等を提供する事業も行っております。

当社の第1期（平成9年2月期）から第4期（平成11年9月期）における、各事業別の売上高及び売上構成比並びに各事業別の事業概要は以下の通りであります。

（単位:千円・%）

	第１期 自 平成 8年 4月22日 至 平成 9年 2月28日		第２期 自 平成 9年 3月 1日 至 平成10年 2月28日		第３期 自 平成10年 3月 1日 至 平成11年 2月28日		第４期 自 平成11年 3月 1日 至 平成11年 9月31日	
	金額	構成比	金額	構成比	金額	構成比	金額	構成比
ウェブ制作事業	35,324	100.0	99,467	96.0	235,830	91.0	184,311	70.1
ウェブ管理事業	—	—	4,185	4.0	8,432	3.2	21,274	8.1
ウェブ手数料事業	—	—	—	—	14,886	5.7	57,424	21.8
合　計	35,324	100.0	103,652	100.0	259,149	100.0	263,010	100.0

※1.当社設立は、平成8年4月であります。　2.平成11年9月期は、決算期変更により7ヶ月決算であります。

(1) ウェブ制作事業

いわゆる「ホームページ、ウェブサイト」の制作、管理・運営に関わる全ての業務をトータルにサポートする事業であります。ウェブページ、プログラムの制作、ウェブサイトの管理及びメンテナンスが中心であり、顧客からの受注に応じた受託業務であります。当部門には、ウェブマガジン「ホットワイヤード」の制作管理が含まれております。なお、当該編集業務については、外注制作としております。

(2) ウェブ管理事業

ホスティングサービスとして、企業のウェブサーバーやメールサーバー或いはそれらに連携するデータベースなどの構築、維持、管理を行っております。1台のサーバーで複数のドメインを管理するバーチャルホスティング事業と顧客のサーバーを委託により管理するハウジング事業があります。

(3) ウェブ手数料事業

顧客または一般ユーザーが、インターネット上のサービスシステムを利用し、その利用に応じた利用料を徴収する事業であり、ウェブ制作事業などで培った当社技術及びプログラムモジュール等を活用し、インターネット上で各種コンテンツサービスを提供する事業であります。当該事業については、当社の独自事業、事業提携または合弁会社設立により事業を展開しております。その主なものは、インターネット広告事業であります。

インターネット広告は、インターネットの普及に伴い、従来の広告媒体であるテレビ、新聞等のメディアに加え、インターネットを利用したウェブサイトやメールマガジン等を広告媒体として利用するものであり、当社は株式会社サイバーエージェント（以下、サイバー社という）との受託事業及び共同事業として、「サイバークリック（※1）」、「クリックインカム（※2）」等により、インターネット上での広告配信事業を行っております。

（※1）サイバークリック（バナー広告配信事業　平成10年9月開始）

インターネット上のバナー広告になされたクリック回数に応じて広告掲載料を徴収し、サイトオーナーに報酬を支払う広告掲載・集計システムであります。当

該事業は、サイバー社からの受託事業であり、当社はサイバー社の当該事業に係る売上の10%を受け取っております。

(※2) クリックインカム (メール広告配信事業　平成11年1月開始)

会員に対してオーナーに代わってメールマガジンを送信するメールマガジン配送システム及びメールマガジンに挿入された広告になされたクリック回数に応じて広告掲載料を徴収し、メールマガジンオーナーに報酬を支払う広告掲載・集計システムであります。当該事業は、サイバー社との共同事業であり、当社とサイバー社より、売上から媒体への支払を控除した額の50%を収受しております。

2. 当社の事業体制について

(1) 特定の人物への依存度について

① 堀江社長について

当社代表取締役社長堀江貴文は、設立以来の当社経営の最高責任者であり、ネットワークプログラマーとして、サイバークリック、クリックインカムを構築し、現在の当社の手数料収入の基盤を創り上げた実績があります。また、今後の事業拡大のためには、同氏の培ってきたインターネット業界の人脈が不可欠であり、当社の事業推進及びその領域拡大に重要な役割を担っております。なお、同氏は上場申請時において、当社の発行済株式数の63.38%を所有する筆頭株主であります。

② 小飼取締役について

当社取締役小飼弾は、当社における最高技術責任者と位置付けており、当社の事業推進に技術面での重要な役割を担っております。同氏は、BSD Unixの開発者でもあり、Ring Server Project (※1) のメンバーとして日本トップレベルのインターネット技術者との交流が深いことからも、当社の技術レベルを常に最先端に保つといった役割も担っております。

(※1) Ring Server Project

インターネットなどの高速ネットワーク環境を対象として、大規模なソフトウェアライブラリとソフトウェアの分散共同開発の支援を行う共通基盤技術を研究

開発し、実際に運用することによりネットワーク社会に貢献することを目的とした非営利団体であります。

(2) 人材不足について

当社は、インターネット業界において、高度な技術力に基づいたサービス提供を志向しておりますが、それを支えるものは優秀な技術スタッフであると考え、高度な技術を有する人材の採用及び社内教育を進めております。しかしながら、当社の現状においては、技術スタッフが不足していることも事実であり、事業拡大上での制約を受けているといえます。

今後においても、高度な技術を有する人材の積極的な登用、社内教育システムの充実に努めていく方針でありますが、十分な人材が確保できなかった場合、当社の事業拡大及び将来性において制約を受ける可能性があり、機会損失を生じる可能性もあります。また、現在在職している主要な人材が退職した場合についても同様の可能性があります。

(3) 小規模組織における管理体制について

平成11年12月末における当社組織は、役員6名及び従業員29名と小規模であり、内部管理体制も当該規模に応じたものとなっております。今後においては、事業拡大に伴い、人員の増強、内部管理体制の一層の充実を図る方針でありますが、当該業務拡大により、適切かつ十分な組織的対応が出来るか否かは不透明であり、当該機能が低下する可能性があります。

(4) 営業体制について

当社は、前述の通り人員不足から顧客の受注増加に十分な対応が出来ない状況であり、積極的な営業展開は行っておらず、当社組織としての営業体制は脆弱であります。現時点においては、サイバー社との関係が密接であることから、実質的には同社が営業を代行する形態を採っております。

今後においては、事業領域の拡大に対応するため、提携又は合弁先を含めた営業組織の整備、当社における専任の営業体制を整備した上で広告代理店向けの営

業、有力ウェブサイトオーナーへの訪問等の営業活動を実施していく方針でありますが、その効果については不明確であり、十分な成果が上がるという保証はありません。

(5) 株式会社サイバーエージェントとの提携関係について

当社は株式会社サイバーエージェント（以下、サイバー社）との間でサイバークリック及びクリックインカムに関する業務提携契約を締結しており、当社が広告を掲出・配信するシステムを開発、運用し、サイバー社が広告主、媒体の募集、金銭の受払業務を行っております。同社との業務提携基本契約は平成11年4月1日に、クリックインカムに関する契約は平成11年1月21日に、サイバークリックに関する契約は平成10年9月1日に、それぞれ締結しております。

「サイバークリック」はサイバー社からの受託事業であることから、サイバークリックに関する成果物の所有権はサイバー社にあり、同システムを構成するプログラムモジュールの所有権は当社にあります。また、「クリックインカム」は、サイバー社との共同事業であり、クリックインカムの成果物に関する所有権は、当社とサイバー社で二分の一ずつ保有しており、同システム及び派生して生じる商品を構成するプログラムモジュールの所有権は当社にあります。ただし、サイバー社との契約によりサイバー社以外に当該プログラム及びシステムを提供することが出来ないことから、インターネット広告事業はサイバー社からの受託事業又は共同事業のみに限定されます。

平成11年9月期における当社売上高のうち、サイバー社に対する売上高の占める比率は28.5%であります。インターネット広告事業においては、広告主及び広告掲載媒体等への営業活動は全てサイバー社に依存しております。サイバー社においても市場拡大に応じた営業体制の整備を進めておりますが、同社の体制整備の遅れ等により競争力が低下した場合、当社のインターネット広告事業も影響を受けます。

また、サイバー社との合弁により、平成11年10月にCyberclick Agent S.L.（本社:スペイン、事業目的:ヨーロッパにおけるサイバークリックの販売、資本金:36,000EURO、出資比率:当社25% サイバー社25% MALTA TOMAS JODAR50%）を、平成11年11月に株式会社フープス（後述）をそれぞれ設立してお

ります。なお、同社との関係強化の一環として、平成11年7月1日付で当社代表取締役社長 堀江貴文が同社の非常勤取締役に就任しており、当社は平成12年12月31日現在、同社株式30株を保有しております。

なお、平成11年9月期における同社との取引は以下の通りであります。

(単位:千円)

会社名(住所)	資本金	事業の内容	議決権の被所有割合	関係内容		取引内容		取引金額	科目	期首残高	期中増加額	期中減少額	期末残高
				役員の兼務等	事業上の関係								
(株)サイバーエージェント(東京都港区)	340,000	インターネット広告事業	直接0.9%	兼任1人	広告事業における業務提携	営業取引	ロイヤリティ収入	68,386	売掛金	1,120	71,805	44,380	28,545
						営業取引以外の取引	特別通信費	16.243	未収入金	－	17,055	12,855	4,200
							弁護士料	160	未払金	－	168	－	168

注 (1) 上記金額のうち取引金額は消費税等は含まず、残高、期中増加額および減少額は消費税等を含んで表示しております。
(2) 当社代表取締役である堀江貴文が上記会社の取締役を兼務しております。
(3) 取引条件ないし取引条件の決定方針
ロイヤリティ、特別通信費および弁護士料に関する価格およびその他の取引条件は、協議の上、契約書に基づいて決定しております。

(6) 株式会社NTT-ME情報流通との取引について

当社は、株式会社エヌ・ティ・ティ エムイー情報流通(以下、NTT-X社という)より、ウェブマガジン「ホットワイアード」の制作管理及び編集業務、ポータルサイト「goo」の管理及び一部の開発業務等を受託しております。

当該「ホットワイアード」及び「goo」事業については、平成11年7月における日本電信電話株式会社の再編成に伴うNTTグループの統廃合等により、平成11年@月に株式会社エヌ・ティ・ティ ラーニングシステムズ(以下、NTTラーニング社という)からNTT-X社に事業移管されております。

平成11年9月期における当社売上高のうち、NTTラーニング社及びNTT-X社に対する売上高を合わせた金額の当社売上高に占める比率は31.9%であり、その依存度は高いものとなっております。

3. 業績推移について

(1) 社歴が浅いことについて

当社は設立からの業暦が短いため、期間業績比較を行うための十分な財務数値が得られない上、売上構成の変動などにより、過年度の経営成績だけでは、今後当社が継続的に売上高を増加させ、安定的に利益を確保できるかどうかの判断材料としては不十分な面があると考えられます。また、将来において、インターネット業界における変化に対応するため、事業展開及び経営方針等の変更を余儀なくされる可能性もあります。

(2) 最近の業績動向について

当社の主要な経営指標等の推移は以下の通りであります。

(単位:千円)

回次		第1期	第2期	第3期	第4期
決算年月		平成9年2月期	平成10年2月期	平成11年2月期	平成11年9月期
売上高	千円	35,324	103,652	259,149	263,010
経常利益	千円	60	12,081	27,321	9,963
当期純利益	千円	60	6,797	12,747	5,966
1株(1口)当たり当期純利益	円	(506.25)	33,988.67	63,738.20	15,523.43
資本金(出資金)	千円	(6,000)	10,000	10,000	340,000
発行済出資総数	口	120	−	−	−
発行済株式総数	株	−	200	200	1,000
純資産額	千円	6,060	16,858	29,606	665,572
総資産額	千円	14,854	35,707	100,706	744,470
1株(1口)当たり純資産額	円	(50,506.25)	84,292.67	148,030.62	665,572.49

(注) 1. 売上高には、消費税等は含まれておりません。
2. 第1期は、平成8年4月22日から平成9年2月28日となっております。
3. 第1期は有限会社のため、1口当たりの純資産額及び1口当たりの当期純利益は、出資単位で計算しております。
4. 平成9年7月1日付を以って有限会社から株式会社に組織変更を行い、株式の券面額を50,000円にいたしました。
5. 第2期は事業年度中で有限会社から株式会社に組織変更しているため期中平均株式数の計算は便宜的に出資口数を1株50,000円で株式数に換算し直して計算しております。
6. 第4期は決算期変更のため、平成11年3月1日から平成11年9月30日までの7ヶ月決算になります。

当社の過去4期間の業績推移は上記の通りであります。当社は、平成8年4月の有限会社としての設立以来、インターネットの普及に伴い売上高は増収傾向で推移

しております。特に、平成11年2月期においては、ウェブ制作事業において株式会社NTTラーニングシステムズよりウェブマガジン「ホットワイヤード」の制作管理業務を受託したこと、ウェブ手数料事業においてサイバー社との受託事業及び共同事業でのインターネット広告事業を開始したことにより売上及び利益が大幅に増加しております。

平成11年9月期においては、当社の重要なビジネスパートナーであるサイバー社の決算期との統一を図るための決算期変更により7ヶ月決算となっていることに加えて、従業員の退職及び当該人員補充に伴う生産性及び業務効率低下により利益率は低下しております。

(3) 配当政策について

当社は、創業間もないこともあり将来の事業展開の拡大のため、内部留保に務め充実させることを主眼に置きながら、各期の経営業績を考慮に入れて決定することを基本方針としております。

当面は、今後の経営基盤強化のため、安定した財務体質を目指し、新たな事業展開に備え、内部留保に重点を置いた将来キャシュフローの増大を目指していく所存であります。

その結果、配当に関しましては、当分の間見送る所存でございます。

4. インターネット業界について

(1) インターネット及びインターネットビジネスの将来性について

現在、インターネットは急速な勢いで普及しており、郵政省「平成10年度 通信白書」によると、平成10年度における日本国内におけるインターネット利用者数は約1,700万人と推計され、インターネットの世帯普及率は11.0%、事業所普及率は19.2%、企業普及率は80.0%と推計されます。インターネットは商業利用開始以来わずか5年間で世帯普及率10%を超え、従来の主要なメディアと比較して急速に普及しております。また、インターネット普及に伴い、インターネットビジネスも急速に拡大しており、インターネットの普及と合わせて、今後、一層の普及が

想定されております。しかしながら、インターネットビジネスにおいては、その歴史が浅いこと及び技術革新・変化が速いことから、現時点で「標準（スタンダード）」として確立されているであろうものはわずか一握りであると考えられ、今後においても何がスタンダードとなるかを予測することは不可能であります。

当社においても、インターネットの普及を前提とした事業計画を策定しておりますが、今後におけるインターネットに関する新技術の開発状況、インターネット利用を制約する規制や課金の有無等、また、インターネットビジネスにおける電子商取引等のセキュリティ問題の状況によっては、インターネット利用者の増加が想定通りとならない可能性があります。

(2) 法的規制について

今日の国内におけるインターネットに関連する規制は電気通信事業法でありますが、当社がインターネット関連事業を継続していく上で制約を受ける事実はありません。しかし、インターネットに関連する法規制が現在、未整備であることは各方面から指摘されており、国内において法整備等が進む可能性があること、インターネットは国内のみならず国境を越えたネットワークであり海外諸国の法規制による影響を受ける可能性があることから、将来的に当社の事業においても何らかの規制を受ける可能性があります。

(3) 知的所有権について

当社は、業務にあたり、多種多様のプログラムモジュール（以下、プログラム等）を活用しております。当該プログラム等は、基本的に当社独自で開発したものでありますが、場合によっては第三者の知的所有権を侵害する可能性があります。

また、当社は現時点において、各インターネットコンテンツ事業分野について、ビジネスモデル特許の申請は行っておりません。しかしながら、今後は国内においてもビジネスモデル特許の認定が進むと考えられること及び米国等においては既にビジネスモデル特許が一般化していることから、将来において、第三者のビジネスモデル特許を侵害する可能性があります。

当社においては、これらの問題への対応のため、社内に法務の専門機関を設ける等の対応を敷くとともに、専門家を登用し、訴訟問題等にも対応出来る体制を整備していく所存であります。

5. 当社の今後の事業展開について

(1) 成果報酬型ビジネスの拡大について

当社は、インターネットに特化することにより、高度な技術及びその応用によるプログラムモジュール等の蓄積を図り、ソリューションプロバイダーとして事業展開することを基本としております。また、その技術及びプログラムモジュール等を活用することにより、各種インターネットコンテンツ等のサービスを提供する事業も行っております。

当社の平成11年9月期（7ヶ月決算）における売上構成比は、平成10年2月期及び11年2月期の当該数値と比較した場合、その構成比は大幅に変動しております。これは、従来からの労働集約型事業（ウェブ制作事業及びウェブ管理事業）を主体とした事業構成から、技術に基いた成果報酬型事業（ウェブ制作事業）を拡大させたことによるものであります。今後においても、当該事業は新規事業の開始等、積極的に拡大させる方針であり、事業構成はさらに変動することが予想されます。

当該事業は当社の蓄積された技術等を基礎としておりますが、当社の弱い分野或いは今後成長が期待できる分野については、必要に応じて事業提携及び合弁会社設立、または企業買収をも視野に入れ、インターネットビジネスにおけるスタンダードとなるべく事業を展開する所存であります。

(2) ウェブ制作事業及びウェブ管理事業について

当該事業は、顧客からの受注生産形態であり、その精算方法も「作業時間×人数」という労働集約型の事業といえます。現時点において、当社は、同業他社と比較して当該分野における技術面での優位性があると認識しておりますが、インターネットの普及に伴い新規参入等による競合激化が想定されることから、生産性及び利益率は低下する可能性があります。当社においては、多様化する顧客ニーズへの対応に加えて、顧客に対して適確な提案を行うコンサルテーション業務

に比重を置いた付加価値の高い事業展開を図るべく、社内教育システムの整備並びに優秀な技術者の登用等を実施していく方針であります。

当社が特化しているインターネット関連事業は、日々新しい技術の開発が進められております。また、この技術革新により業界における利用者のニーズも急速に変化しております。当社においては、新技術にかかわる情報収集、外部顧問による技術指導の導入、社内での研究発表等により技術を吸収し、プログラムモジュールの充実を図る等の対応を行っておりますが、新技術等への対応が遅れた場合、当社の有する技術・サービスの陳腐化、業界における競争力低下から、当社の業績に影響を与える可能性があります。

また、当社が行っているサイト管理及びウェブ管理については、サイト提供が層化するとともにこれらの管理の重要性が高まっております。インターネットは24時間動きつづけるものでもあり、当社においても24時間体制でシステムを管理監視する体制が要求され、そのため、システムサポートセンターを始め、サポート人員を確保し、何時でも対応できるサポート体制を確立する必要があります。

(3) ウェブ手数料事業について

当社は、ウェブ制作事業等で培ったインターネット関連技術及びプログラムモジュール等を活用し、アプリケーション・サービス・プロバイダーとして、インターネット・コンテンツ等の提供を行っております。当該事業については、その必要に応じて当社独自、業務提携又は合弁会社設立による展開を行っており、当社が技術を提供し、そのコンテンツ、システム及びサービスに対して、「売上高×手数料」又は「利益の折半」等のインセンティブを収受するという成果報酬型の事業を基本としております。

また、当該事業の当社における投資負担は、プログラム等の開発費及び合弁会社設立にかかわる出資金であり、比較的少額での事業参入が可能であることから、当該事業にかかわる投資額等の回収は比較的容易であり、事業不振によるリスクは限定的であると考えております。しかし、当該事業については、業務提携及び合弁解消など、現時点において当社が想定し得ない費用負担及び損失等が発生する可能性があります。また、今後の事業展開によっては多額の投資等が必要と判断することも想定され、その場合には当該リスクは増加すると考えられます。

「堀江貴文の持ち株」応募方法

■応募方法

本書をお買い上げいただいた方の中から抽選で1000名の方に著者である堀江貴文氏より、株式会社ライブドアの著者持ち株（東証マザーズ上場会社コード番号：4753）を1株プレゼントいたします。

表面に住所、電話番号、氏名、性別、生年月日、パソコン用E-mail（携帯電話のメールアドレスは不可）を明記していただき、書籍の帯の折り返し部分にあります「プレゼント応募券」を切り取って、ハガキの所定欄にしっかりと貼り、ポストにご投函ください。応募締め切りは、2004年12月31日（当日消印有効）です。

当選された方には弊社よりメールにてご連絡いたします。当選者の発表ならびに当選後の手続きなど詳細に関しましては、こちらのメールにて代えさせていただきます。

なお、当選された方が株式を受け取るためには、ライブドア証券（http://kabu.livedoor.com/）のライブドアトレードの口座開設が必要となります。

また、15歳未満の方、外国人の方は応募できませんので、あらかじめご了承ください。

ご不明点などございましたらSBPストア（http://www.sbpnet.jp）のキャンペーンページからお問い合わせください。

■本書の内容についてのご意見・ご感想をお聞かせください。

プレゼント応募券
貼り付け位置

郵便はがき

料金受取人払

107-8790

赤坂局承認

2676

差出有効期間
平成17年
8月24日まで有効
(切手不要)

東京都港区赤坂4-13-13
ソフトバンク パブリッシング(株)
販売局内「堀江貴文の持ち株」
応募係 行

自宅住所 □□□-□□□□	自宅TEL ( )	
フリガナ		性別 男 ・ 女
氏	名	生年月日 19 年 月 日
E-mail (携帯メール不可)	@	
会社・学校名		

職業
- □ 営業・販売・サービス
- □ 財務・経理職
- □ 総務・人事職
- □ 経営・経営企画職
- □ 広報・広告宣伝・マーケティング職
- □ 研究開発職
- □ エンジニア・プログラマー
- □ その他の技術職
- □ デザイン職
- □ その他一般事務職
- □ 専門職(医師・弁護士など)
- □ 技能職(工員・美容師など)
- □ 教師・講師
- □ 自由業
- □ 自営業
- □ 農林漁業
- □ パート・アルバイト(学生除く)
- □ その他(学生含む)

ソフトバンクパブリッシング(株)からの最新情報の提供を希望されますか? はい ・ いいえ

ISBN 4-7973-2694-8

現時点において、当社と類似するコンテンツ又はサービスを提供する企業も多数存在し、将来における新規参入も想定されます。当該事業が顧客又は消費者に受け入れられるか否か、また、インターネットビジネスにおいて定着できるか否かについては不確実のものであり、これらの事業の成否は、当社の成長に影響を与える可能性があります。

なお、具体的な内容については、事項(4)を参照ください。

(4) ウェブ手数料事業における新サービスについて

当該事業は、サービスの利用に対する利用料を徴収する形態であり、成果報酬型の事業といえます。当該事業の主なものは前述の「サイバークリック」及び「クリックインカム」でありますが、平成11年12月末現在において、開始している主なインターネット・コンテンツ事業は以下の通りであります。

①eHammer（オープンライセンス型・オークション事業　平成11年11月開始）

ウェブ上におけるオープンライセンス型のオークション事業であります。一般にインターネットオークションは、そのサイト内に個人又は事業者であるセラーからの商品情報を集約するクローズ型でありますが、これに対して当コンテンツは商品出店者のサイト内で簡単にオークションを開催できるツールを各セラーに提供する方式であります。基本的に売上の5%の手数料をセラーより徴収しております。有限会社イーマーキュリーとの共同事業であり、同社と収益を折半しております。

② HOOPS（無料ホームページ・メール事業　平成11年11月開始）

インターネットユーザーに対する無料ホームページ、メールサービスを提供する事業であります。当事業は、ウェブ上に登録ユーザーのホームページスペースを無料で提供した上でクリック保証型広告を掲載し、クリック数に応じた広告収入を受け取り、その一部を登録ユーザーに還元する仕組みであり、この差額が同社収益の源泉となります。当該事業は、サイバー社とのインターネット広告事業において広告媒体を増加させる目的があります。

当該事業は、株式会社サイバーエージェントとの合弁会社である株式会社フー

プスを設立（資本金10百万円、出資比率：当社49%、サイバー社51%）して行っております。

③ TAGホース（携帯電話向けゲーム配信事業）

携帯情報端末（NTT DoCoMoの「iモード」）向けにゲーム配信を行う事業であり、ロールプレイング型の競走馬育成シミュレーションゲームを配信し、月額による利用料を徴収する事業であります。また、当該コンテンツは、当社が運営するサイトであるダービースクエアでの実績があります。当該事業は当社単独事業でありますが、株式会社バンダイにその維持、管理及び運営を委託し、平成12年1月より開始することが決定しております。

6. 役員との取引について

平成11年9月期において、当社と役員との間に取引があります。

(1) 代表取締役社長 堀江貴文との取引について

以下の取引のうち、資金の貸付については、同氏に対して当社が貸付けたものでありますが、当該取引については、平成12年1月末日に同氏の返済をもって解消する予定であります。経費立替については、平成12年1月20日をもって解消しております。資金の借入については、当社が同氏から借入れたものでありますが、当該取引については、平成12年1月20日をもって解消しております。

（単位:千円）

氏名	職業	議決権等の被所有割合	取引内容		取引金額	科目	期首残高	期中増加額	期中減少額	期末残高
堀江 貴文	当社代表取締役社長	58%	営業取引以外の取引	資金の貸付	17,687	貸付金	0	17,687	0	17,687
				経費立替	445	立替金	0	445	0	445
				資金の借入	0	借入金	3,640	0		3,640

注（1）上記金額に消費税等は含まれておりません。
（2）資金の貸付に係る取引条件については、期日一括返済であり、金利は減免しております。
（3）資金の借入に係る取引条件については、期日一括返済であり、無利息であります。

(2) 取締役 宮内亮治との取引について

以下の取引については、同氏との当社顧問税理士としての取引であります。当該取引については、平成11年7月25日付で同氏が当社取締役に就任したのに伴い、平成11年9月末日をもって当該取引は解消しております。ただし、取締役就任より平成11年9月末日までの期間は、後任との引継ぎ等の都合上、当社より税理士報酬を収受しております。

(単位:千円)

氏名	職業	議決権等の所有割合	取引内容		取引金額	科目	期首残高	期中増加額	期中減少額	期末残高
宮内 亮治	当社取締役	0.8%	営業取引以外の取引	税理士報酬	560	–	–	–	–	–

注 (1) 上記取引金額に消費税は含まれておりません。
　(2) 取引条件は、税理士報酬規定内となっております。

(3) 取締役 須貝嘉則との取引について

以下の取引については、同氏の個人会社である有限会社ワイノットとの営業取引であります。なお、同氏は当社取締役就任に伴い、同社代表取締役を退任しており、さらに、現時点において当社と有限会社ワイノットとの取引はありません。

(単位:千円)

氏名	職業	議決権等の所有割合	取引内容		取引金額	科目	期首残高	期中増加額	期中減少額	期末残高
須貝 嘉則	当社取締役 ㈲ワイノット 代表取締役	0.0%	営業取引	売上高	5,985	売掛金	790	6,284	930	6,144

注 (1) 上記金額のうち取引金額は消費税等は含まず、残高、期中増加額および減少額は消費税等を含んで表示しております。
　(2) 取引条件は、他の一般的な取引先と同様であります。

7. その他

(1) 東証マザーズについて

当社の普通株式は当公募の終了をもって東京証券取引所が開設する「マザーズ(東証新興企業市場)」へ上場の予定であります。マザーズは、新興企業の資金調達を円滑なものとし、もって新規産業の育成を支援するため、成長可能性のある新興企業を対象とする市場であります。

しかしながら、マザーズは創設から間もないことから、株式市場として投資家に十分に認知されているという保証はなく、このことから当社株式についても、日々の取引高がどの程度になるか不明であり、円滑な価格形成及び十分な流動性の確保等が出来る保証はありません。

(2) インセンティブの付与について

当社は、役員および従業員のモチベーション向上のため、成功報酬型ワラント及びストックオプションを付与しており、その状況は以下の通りであります。

①成功報酬型ワラントについて

平成12年1月12日開催の取締役会及び平成12年1月17日開催の臨時株主総会における決議を受け、平成12年1月19日に成功報酬型ワラントを、当社役員4名に対して役員報酬の一部として支給及び従業員27名に対して譲渡しております。従業員に対しては、譲渡代金相当額を当社より臨時賞与として特別に支給しております。当該成功報酬型ワラントの概要は以下の通りであります。

・社債の発行総額	26,750,000円
・行使により発行する株式	額面普通株式
・行使による株式の発行価額	250,000円
・行使による株式の発行価額の総額	26,750,000円
・取得可能株式総数	107株（50,000円額面）
・権利行使請求期間	平成12年3月1日から平成17年1月18日まで

②新株引受権の付与（ストックオプション）について

平成12年1月12日開催の取締役会及び平成12年1月17日開催の臨時株主総会における決議を受け、平成12年1月19日に、当社役員5名及び従業員37名に対して、商法第280条の19の規定に基づき新株引受権（ストックオプション）を付与しております。ストックオプションの概要は以下の通りであります。

・株式の種類	額面普通株式
・新株発行の予定株式数	390株

・発行価額　1株につき250,000円
・資本組入額　1株につき125,000円
・発行価額の総額　97,500,000円
・資本組入額の総額　48,750,000円
・取得者　当社の取締役及び従業員
・発行予定期間　平成14年4月1日から平成16年3月31日まで

(3) 元役員による競合会社設立について

当社の創業者の一人であり元取締役であるA氏が、平成11年7月に当社役員を退任し、同時期に退職した元従業員3名と共に平成11年8月16日に有限会社Nを設立しております。同社は、当社と同様の事業であるウェブ制作等を行っており、同社の設立後、一部の当社顧客が当社との取引を解消した上で同社との取引を開始しております。当社においては、同氏の退任及び従業員の退職による生産性低下、当該顧客に対する売上高減少等の影響を受けております。なお、同社とは今後も競合する可能性があります。

A氏は、所有する当社株式について、平成10年4月30日付で50株、平成11年11月5日付で120株を、当社代表取締役堀江貴文及び取締役宮内亮治に譲渡しており、現在において当社株主ではありません。なお、同氏は、当社大株主第3位であるA氏の近親者であります。

(4) 主幹事証券会社である大和証券エスビー・キャピタル・マーケッツ株式会社の出資について

今回の東証マザーズ上場に伴い当社が計画している公募増資の主幹事証券は大和SBCM株式会社（以下、大和SBCM）であります。Dは、平成11年12月17日に当社代表取締役堀江貴文より当社株式30株の譲渡を受け、上場申請日現在、大株主8位となっており、同社の当社株式保有は、投資銀行業務の一環としてキャピタルゲインを得ることを目的としたものであります。また、同社はその業務上、当社株式について、自己勘定での売買取引又は顧客に対する投資勧誘等を行う場合もあります。

資料③　株式会社オン・ザ・エッヂ規程集抜粋 販売管理規程

第1章　総　則

（目的）

第1条　この規程は、販売及び販売業務管理のための基本的事項を明らかにすることを目的とする。

（販売業務の原則）

第2条　販売業務は、受注から代金の回収までの活動を効率的に運営することにより、最小の費用で最大の利益を確保することを原則とする。

第2章　販売計画

（定義）

第3条　販売計画とは、会社の経営計画に基づき各タスクフォース等が立案し、営業施策、営業活動及び計数計画を包含したものをいう。

2. 売上予算とは、販売計画に基づき一定期間の売上目標を事業部別、売上区分別、得意先別に計数化したものをいう。

（販売計画の立案）

第4条　販売計画は、タスクフォースマネージャーが立案し、とりまとめは管理本部長が行う。

（単位及び期間）

第5条　販売計画の単位及び期間は、予算管理規程による。

（立案の原則）

第6条　販売計画の立案にあたり、立案者は次の項目に留意することを原則とする。

(1)　景気の見通し、業界動向、売上区分等

(2)　事業部の主要取引先別予測の積上げ計算

(3)　過去の売上実績の分析、調査

2.管理本部長は、予算案を検討するため過去の実績差異分析並びに市場動向等の情報を収集すると共に、タスクフォースマネージャーと協議折衝し予算策を策定する。

（販売計画の審議、決定及び運営）

第7条　販売計画は、取締役会の審議を経て確定する。販売計画の運営管理はタスクフォースマネージャーが行う。

（販売計画の統制）

第8条　販売計画の統制は、管理本部が行い、取締役会及び社長に報告する。

第3章　取引の開始、契約及び与信限度管理

（新規取引先の選定）

第9条　新規取引先の選定及び提携・共同事業先にあたっては、原則として新規取引先の信用度に応じ、取引先調査を行い、当該取引先が当社にとって有利かつ有効であることを確認するものとする。

（新規取引開始申請）

第10条　新規取引開始については、事前に職務権限一覧表に定める決裁者の承認を得なければならない。

（主要契約）

第11条　継続した取引の開始にあたり、タスクフォースマネージャーは、取引先及び顧客との間で次のいずれかの契約書を締結することを原則とする。

(1) 取引先の制定した契約

(2) その他の基本契約書

（個別契約の締結）

第12条　個別取引に係る契約は、タスクフォースマネージャーにおいて行うことを原則とする。

（契約文書の保管）

第13条　業務上の主要契約書の正本は管理本部の保管とし、写しをタスクフォースの保管とする事を原則とする。

（販売資料の整備）

第14条　タスクフォースマネージャーは、取引先別の販売価格表、仕入先価格表、商品カタログ等必要な資料の収集、整備を行うものとする。

第4章　販売価格の決定

（標準販売価格の決定）

第15条　各売上区分の販売価格は各タスクフォースで起案し、取締役会で討議を行った後社長が決裁するものとする。

（販売価格の決定）

第16条　販売価格を決定するにあたっては、採算性を重視し、予算との整合性を図るものとする。

第5章　受　注

（見積書）

第17条　各タスクフォースの担当者は、タスクフォースマネージャーの承認及び社長の決裁を得て見積書を発行するものとする。

（特殊取引）

第18条　予め設定された標準取引条件を下回る等特殊取引を行う場合、担当者は職務権限一覧表に定める決裁権者の決裁を得るものとする。

（注文書）

第19条　受注に際しては、取引先より原則として注文書あるいは申込書を受領するものとする。

（注文請書・契約書の発行）

第20条　受注に際しては、100万円以下の金額に対しては注文請書を、100万円超の金額に対しては契約書を発行するものとする。

（納期管理）

第21条　納期管理は、タスクフォースの担当者及びマネージャーが行い、対策が必要な場合関連部門はこれを支援するものとする。

第6章　売上計上及び売掛金管理

（売上計上基準）

第22条　売上の計上は、経理規程に定める基準により行うものとする。

（売掛金管理）

第23条　売掛金管理は、債権管理規程によるものとする。

（検収書の保管）

第24条　取引先からは検収書を入手し、各部門において保管し、保管期間は5年とする。

第7章　クレーム

（定義）

第25条　クレームとは、納品物に対する検収後1ヶ月以内の取引先からの変更依頼等をいう。

（クレーム承諾の申請）

第26条　クレーム承諾の申請は、クレーム報告書によるものとし、職務権限一覧表に定める決裁者の承認を得るものとする。

（事務手続）

第27条　クレームに際しては、クレーム対応を行うとともに遅滞なく会計処理を行うものとする。

第8章　請求と回収

（請求書の発行）

第28条　請求書は、EDP請求データに基づき発行し取引先との取引条件により定期的に送付しなければならない。

（売掛金回収の定義と責任）

第29条　売掛金の回収とは、現金入金、銀行振込、相殺による決裁のほか、受取手形及び小切手の決裁までをいい、担当者が第一次的に責任を負う。

2. 担当者は、回収した現金、小切手、手形等の金額、手形サイト等記載事項を確認して、速やかに経理担当者に引き渡すものとする。
3. タスクフォースマネージャーは、全取引の回収につき包括的に責任を負う。

（領収証の発行）

第30条　領収証の発行は、経理規程によるものとする。
ただし、銀行振込による場合は、領収証の発行を省略できるものとする。

（入金予定額の確認）

第31条　タスクフォースの経理担当者は、請求書等により入金予定額を確認しタスクフォースマネージャーに報告するものとする。

付　則

平成11年12月25日施行

オン・ザ・エッヂ～エッジ～ライブドア　株価年表

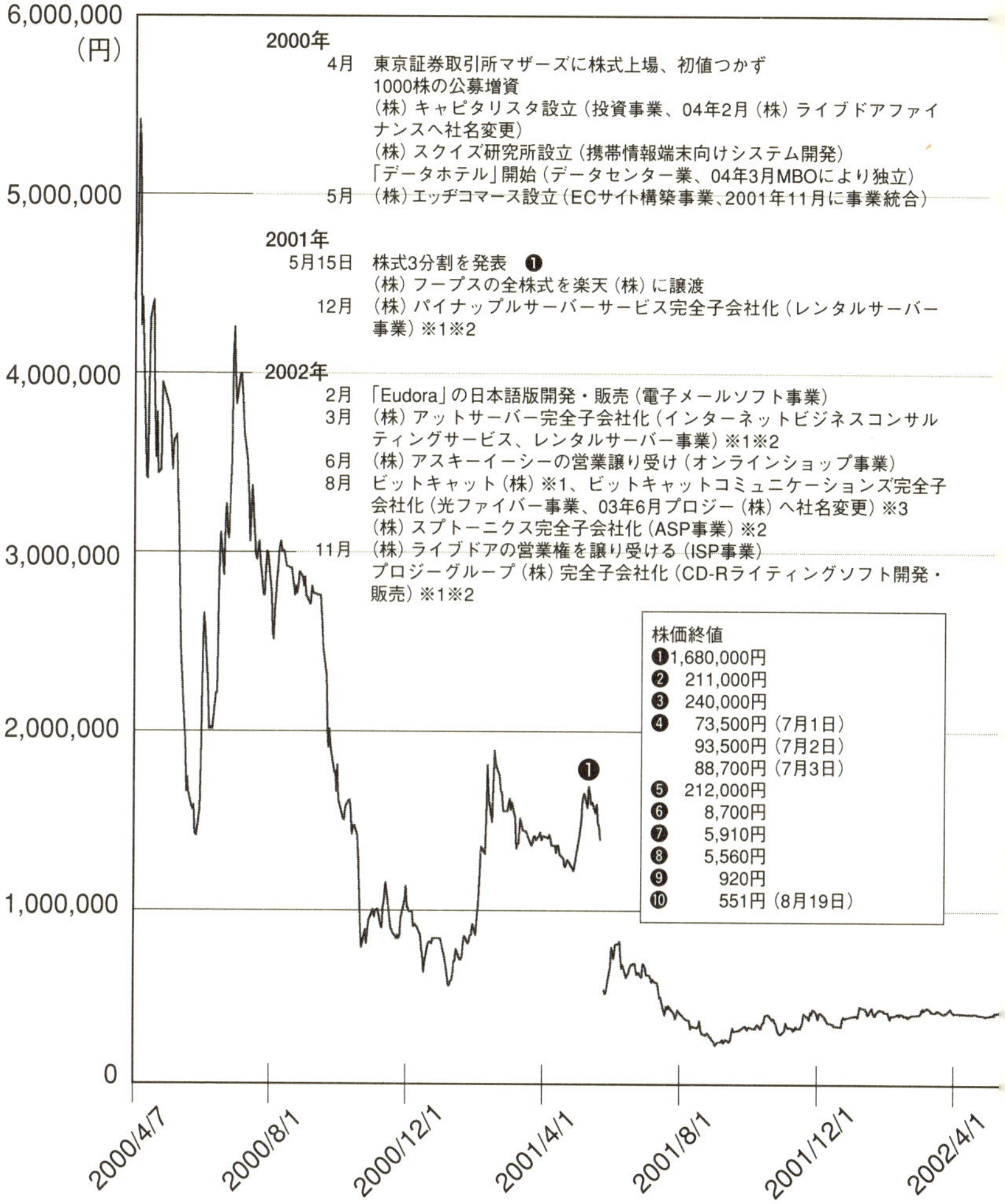

海外拠点

2000年6月　CYBERCLICK AGENT S.L. (スペイン) を子会社化 (livedoor Interactive S.L.に社名変更)
10月　英極軟件開発有限公司 (中国大連) 設立 (ウェブ制作事業の補強)
AD4Portal Co.,ltd. (タイランド) 設立 (2002年7月に完全子会社化、livedoor Interactive (Thailand) Co.,Ltd.に社名変更)
2002年5月　Living' on the EDGE Europe GmbH (ドイツ) 設立 (livedoor Europe GmbHに社名変更)
2004年6月　MailCreation.com,Inc. (アメリカ) を株式取得により子会社化 (オプトインメール事業)

2003年

1月	「livedoor Price」開始（商品情報・価格比較サイト事業）
3月	エッジテレコム（株）を設立（IP電話事業、04年2月（株）ライブドアテレコムに社名変更）
	（株）イーエックスマーケティング設立（マーケティング事業、3月ビットキャッシュ（株）を連結子会社化）
4月	（株）オン・ザ・エッヂからエッジ（株）に社名変更
5月	（株）バガボンドを子会社化（セキュリティ情報サービス、市場調査レポート事業、12月にネットアンドセキュリティ総研株式会社に社名変更）※3
5月13日	通期業績予想の上方修正 ❷
5月19日	株式10分割を発表 ❸
7月1〜3日	3日連続ストップ高による制限値幅（上限のみ）を拡大して売買 ❹
8月	「LindowsOS日本語版」（リナックスベースのOS）独占販売
10月1日	8万株の公募増資を実施、48億4,872万円調達。イーバンク銀行の株式約15%を取得、筆頭株主になる
11月19日	株式100分割を発表 ❺

2004年

2月	エッジ（株）から（株）ライブドアへ社名変更
2月5日	通期業績予想の上方修正 ❻
2月	（株）ブロードバンドピクチャーズを設立
3月	（株）ライブドアファクタリングを設立
	（株）トラインを完全子会社化※2
	バリュークリックジャパン（株）子会社化（インターネット広告事業）※4
	日本グローバル証券（株）子会社化（金融サービス事業、7月ライブドア証券（株）に社名変更）※4
	クラサワコミュニケーションズ（株）完全子会社化（携帯電話販売事業、5月（株）ライブドアモバイルへ社名変更）※2
	（株）ウェッブキャッシング・ドットコム完全子会社化（金融サービス事業、04年3月に株式を一部譲渡）※2
	（株）ライブドアクレジット完全子会社化（金融サービス事業）※2
4月	600万株の公募増資を実施、358億6800万円調達
5月	ターボリナックス（株）完全子会社化（リナックスOSを開発・提供）※2
5月10日	株式10分割を発表 ❼
5月20日	通期業績予想の上方修正 ❽
6月30日	大阪近鉄バファローズ買収の意向を記者発表にて公表 ❾
7月	（株）メディアクリップの営業譲り受け
	（株）テントラー・コミュニケーションズの完全子会社化（携帯電話販売事業）※2
	ジェイ・リスティング（株）完全子会社化（検索連動型広告事業）※3
8月19日	新球団設立構想発表 ❿

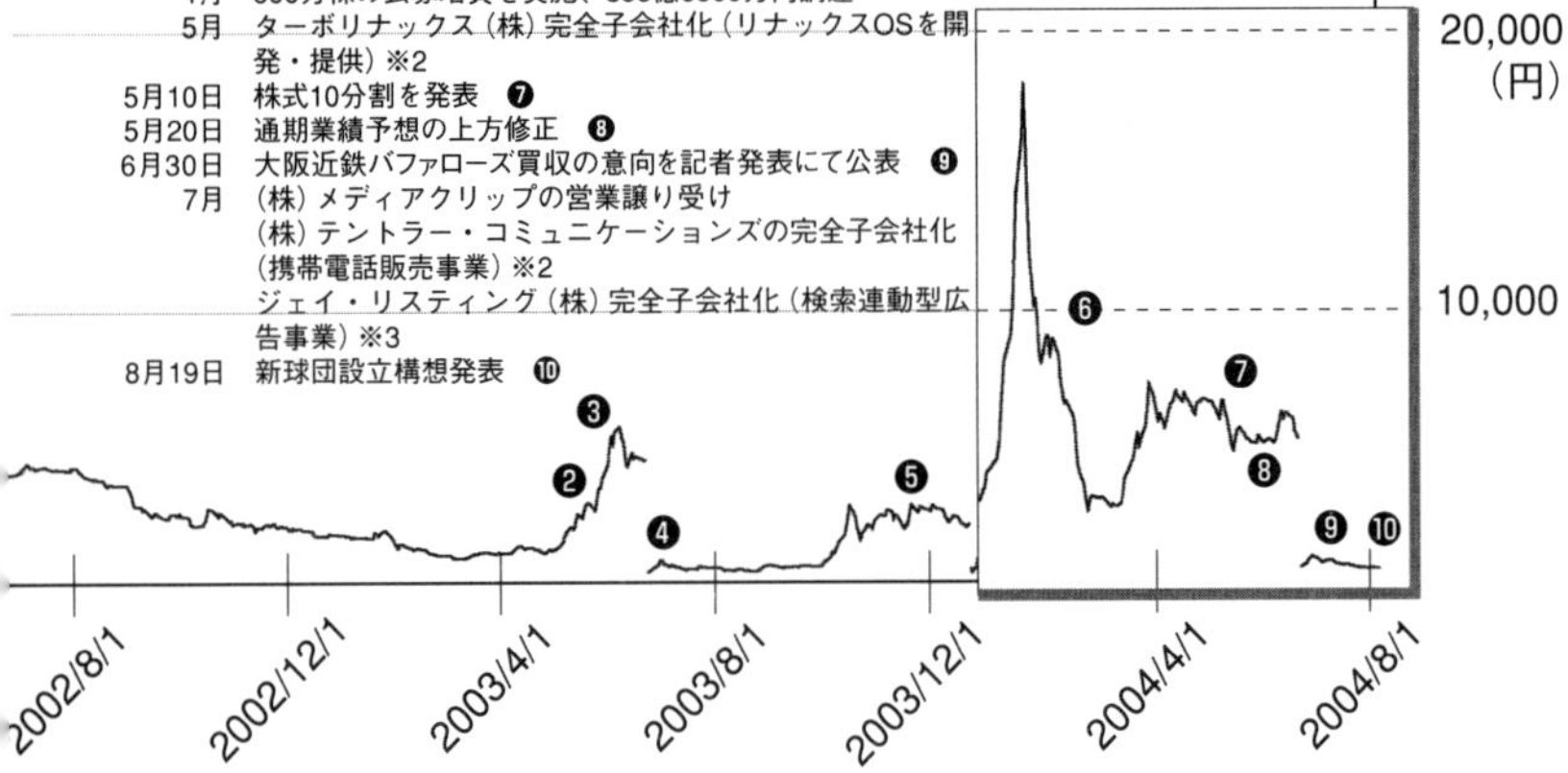

連結売上高推移

2000年9月	12億730万円
2001年9月	36億147万円
2002年9月	58億9,067万円
2003年9月	108億2,489万円

※1　2004年4月にライブドア本体に合併　※2　株式交換による完全子会社化　※3　株式取得による完全子会社化
※4　公開買い付けによる子会社化

堀江貴文(ほりえ・たかふみ)

株式会社ライブドア 代表取締役社長 兼 最高経営責任者
1972年10月、福岡県生まれ。

1996年4月、東京大学在学中に同社(オン・ザ・エッヂ)を設立。

2000年4月、東京証券取引所マザーズに株式を上場し、サイバークリック、melma!など、数多くのウェブサービスをはじめ、データセンター事業、ネットショップ事業(アスキーストア)、プロバイダー事業(livedoor)を展開。

2003年8月にはリナックスベースのOS「LindowsOS 日本語版」を独占販売。

2004年2月に「エッジ株式会社」から「株式会社ライブドア」に社名変更した。

著書に『100億稼ぐ仕事術』(ソフトバンク パブリッシング)がある。

ライブドアホームページ　http://www.livedoor.com/
ライブドア証券ホームページ　http://kabu.livedoor.com/

堀江貴文《ほりえたかふみ》のカンタン!儲《もう》かる会社《かいしゃ》のつくり方《かた》

2004年9月23日　第2版第1刷発行

著　者　堀江貴文《ほりえたかふみ》
発行者　稲葉俊夫
発行所　ソフトバンク パブリッシング株式会社
〒107-0052　東京都港区赤坂4-13-13
電　話　03-5549-1200(販売局)
03-5549-1236(編集部)

印刷・製本所　図書印刷株式会社

表紙デザイン・AD　三宅　孝(トレイドマークス)
本文デザイン　クニメディア株式会社
表紙写真　北谷幸一

Printed in Japan　ISBN4-7973-2694-8